BÉDU · CAUVIN

LES PSY

DUPUIS

Couleurs : Liliane Labruyère.

Dépôt légal : novembre 2006 — D.2006/0089/176
ISBN 2-8001-3858-0

Imprimé en Belgique.
www.dupuis.com

Effroi de regards

ALLEZ-Y, CHER CONFRÈRE, JE VOUS ÉCOUTE !
DEPUIS QUELQUES JOURS, JE NE SUPPORTE PLUS LE REGARD DE MON ÉPOUSE...
AH ?... RACONTEZ-MOI...
CHAQUE MATIN, AU LEVER...
MMRF...
MMRF...
GRATTE GRATTE GRATTE
FROTT FROTT
GRATTE GRATTE
OOWAAA
GRATTE GRATTE
?
SCHiii SCHiii SCHiii
208 1/13

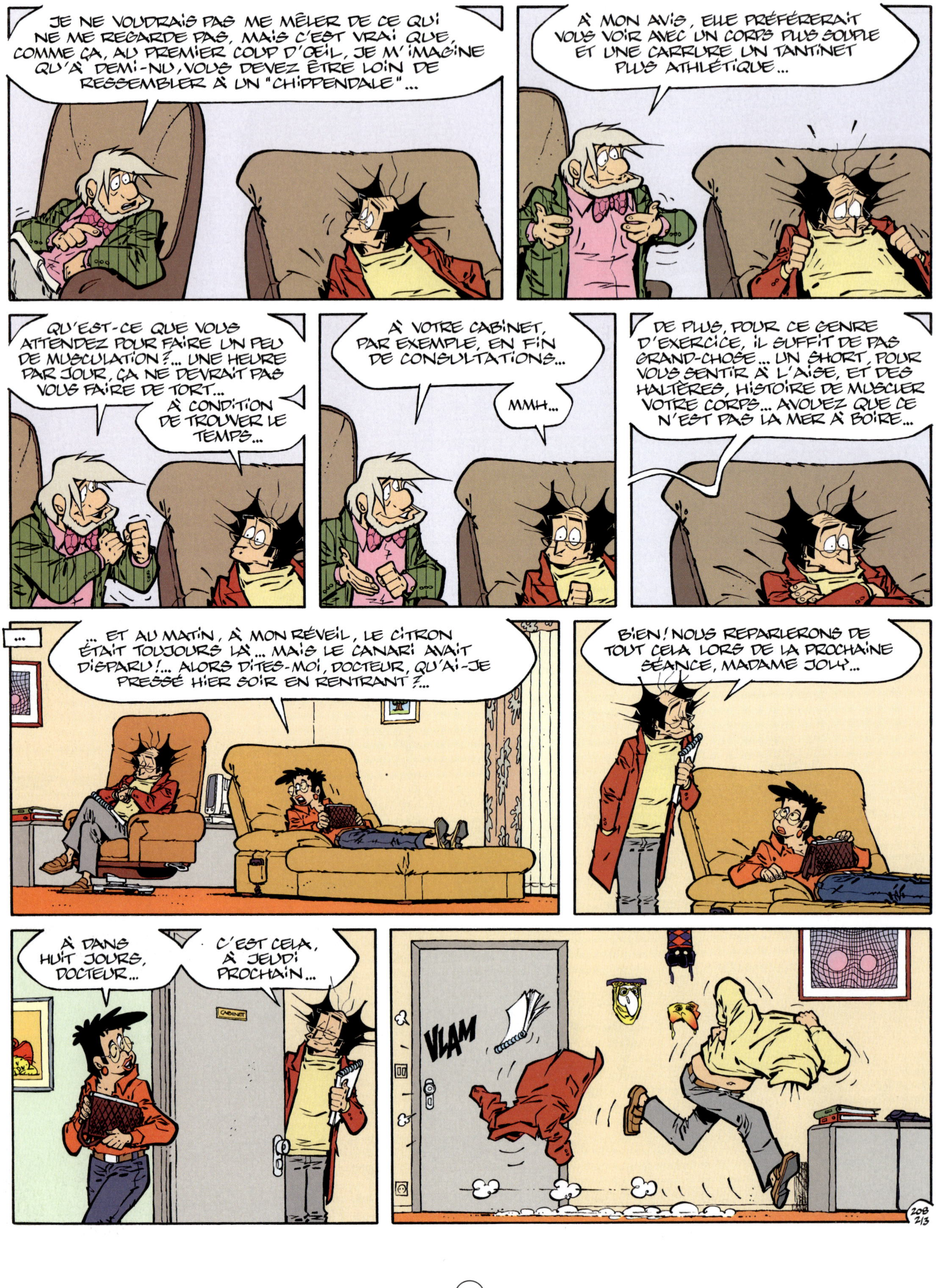
JE NE VOUDRAIS PAS ME MÊLER DE CE QUI NE ME REGARDE PAS, MAIS C'EST VRAI QUE, COMME ÇA, AU PREMIER COUP D'OEIL, JE M'IMAGINE QU'À DEMI-NU, VOUS DEVEZ ÊTRE LOIN DE RESSEMBLER À UN "CHIPPENDALE"...
À MON AVIS, ELLE PRÉFÉRERAIT VOUS VOIR AVEC UN CORPS PLUS SOUPLE ET UNE CARRURE UN TANTINET PLUS ATHLÉTIQUE...
QU'EST-CE QUE VOUS ATTENDEZ POUR FAIRE UN PEU DE MUSCULATION ?... UNE HEURE PAR JOUR, ÇA NE DEVRAIT PAS VOUS FAIRE DE TORT...
À CONDITION DE TROUVER LE TEMPS...
À VOTRE CABINET, PAR EXEMPLE, EN FIN DE CONSULTATIONS...
MMH...
DE PLUS, POUR CE GENRE D'EXERCICE, IL SUFFIT DE PAS GRAND-CHOSE... UN SHORT, POUR VOUS SENTIR À L'AISE, ET DES HALTÈRES, HISTOIRE DE MUSCLER VOTRE CORPS... AVOUEZ QUE CE N'EST PAS LA MER À BOIRE...
...
... ET AU MATIN, À MON RÉVEIL, LE CITRON ÉTAIT TOUJOURS LÀ... MAIS LE CANARI AVAIT DISPARU !... ALORS DITES-MOI, DOCTEUR, QU'AI-JE PRESSÉ HIER SOIR EN RENTRANT ?...
BIEN ! NOUS REPARLERONS DE TOUT CELA LORS DE LA PROCHAINE SÉANCE, MADAME JOLY...
À DANS HUIT JOURS, DOCTEUR...
C'EST CELA, À JEUDI PROCHAIN...
CABINET
VLAM
208 213

FFF...
FFF...
FFF...
FFF...
GNNIIIIII...
ÈÈÈRHH...
...SIIIIX...
SÈÈÈPT...
HHHAN!
HHHAN!
HHHAN!
?
CLIC
BALANG
ROLL ROLL ROLL
?
!
FLOF!
ALLEZ-Y, CHER CONFRÈRE, JE VOUS ÉCOUTE!
DEPUIS QUELQUES JOURS, JE NE SUPPORTE PLUS LE REGARD DE MA FEMME DE MÉNAGE...
208 313
CAUVIN-BÉDU

Zéro au dompteur

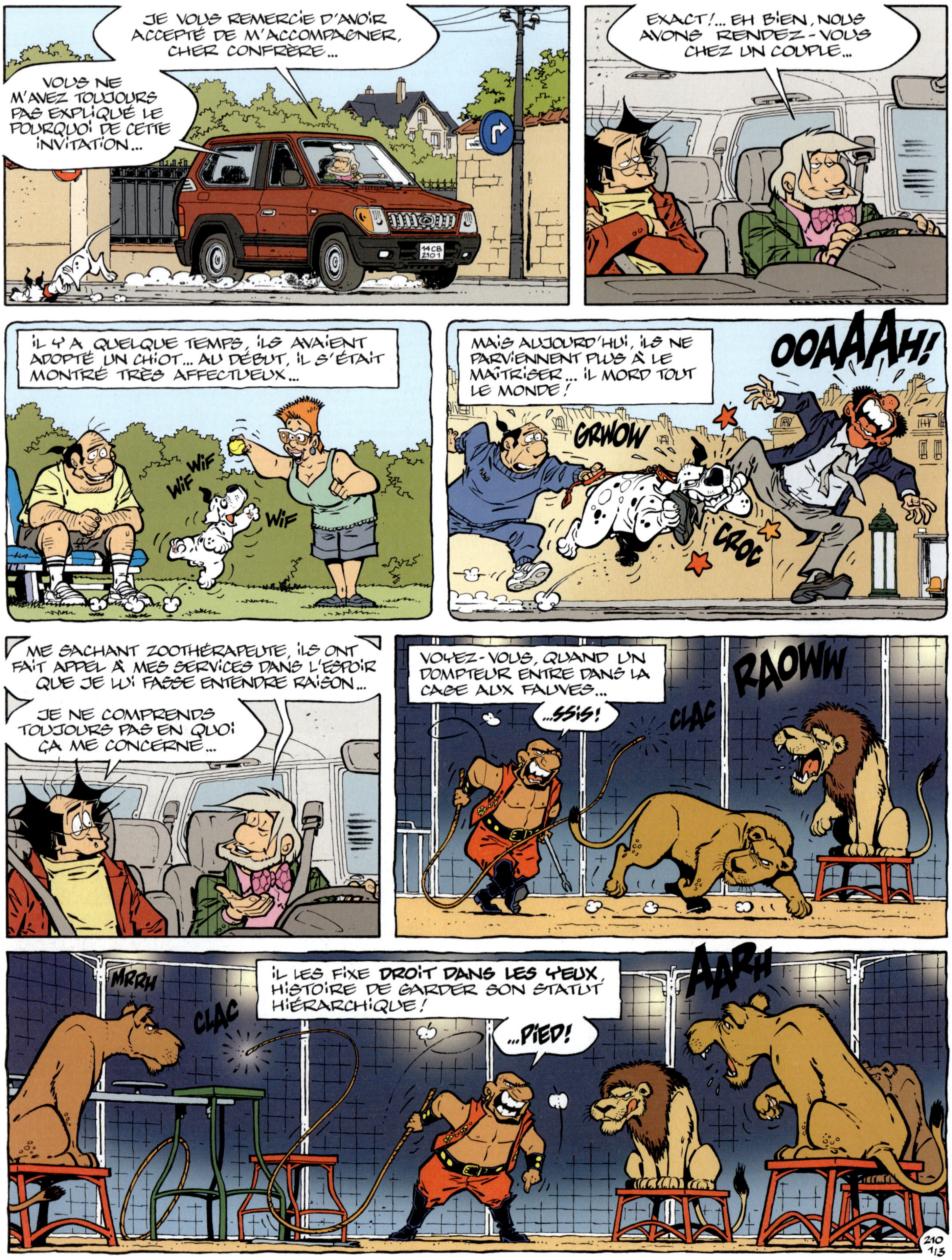
JE VOUS REMERCIE D'AVOIR ACCEPTÉ DE M'ACCOMPAGNER, CHER CONFRÈRE...
VOUS NE M'AVEZ TOUJOURS PAS EXPLIQUÉ LE POURQUOI DE CETTE INVITATION...
14 CB 2101
EXACT !... EH BIEN, NOUS AVONS RENDEZ-VOUS CHEZ UN COUPLE...
IL Y A QUELQUE TEMPS, ILS AVAIENT ADOPTÉ UN CHIOT... AU DÉBUT, IL S'ÉTAIT MONTRÉ TRÈS AFFECTUEUX...
WIF
WIF
WIF
MAIS AUJOURD'HUI, ILS NE PARVIENNENT PLUS À LE MAÎTRISER... IL MORD TOUT LE MONDE !
OOAAAAH !
GRWOW
CROC
ME SACHANT ZOOTHÉRAPEUTE, ILS ONT FAIT APPEL À MES SERVICES DANS L'ESPOIR QUE JE LUI FASSE ENTENDRE RAISON...
JE NE COMPRENDS TOUJOURS PAS EN QUOI ÇA ME CONCERNE...
VOYEZ-VOUS, QUAND UN DOMPTEUR ENTRE DANS LA CAGE AUX FAUVES...
...SSIS !
CLAC
RAOWW
MRRH
CLAC
IL LES FIXE DROIT DANS LES YEUX, HISTOIRE DE GARDER SON STATUT HIÉRARCHIQUE !
AARH
...PIED !
210 113

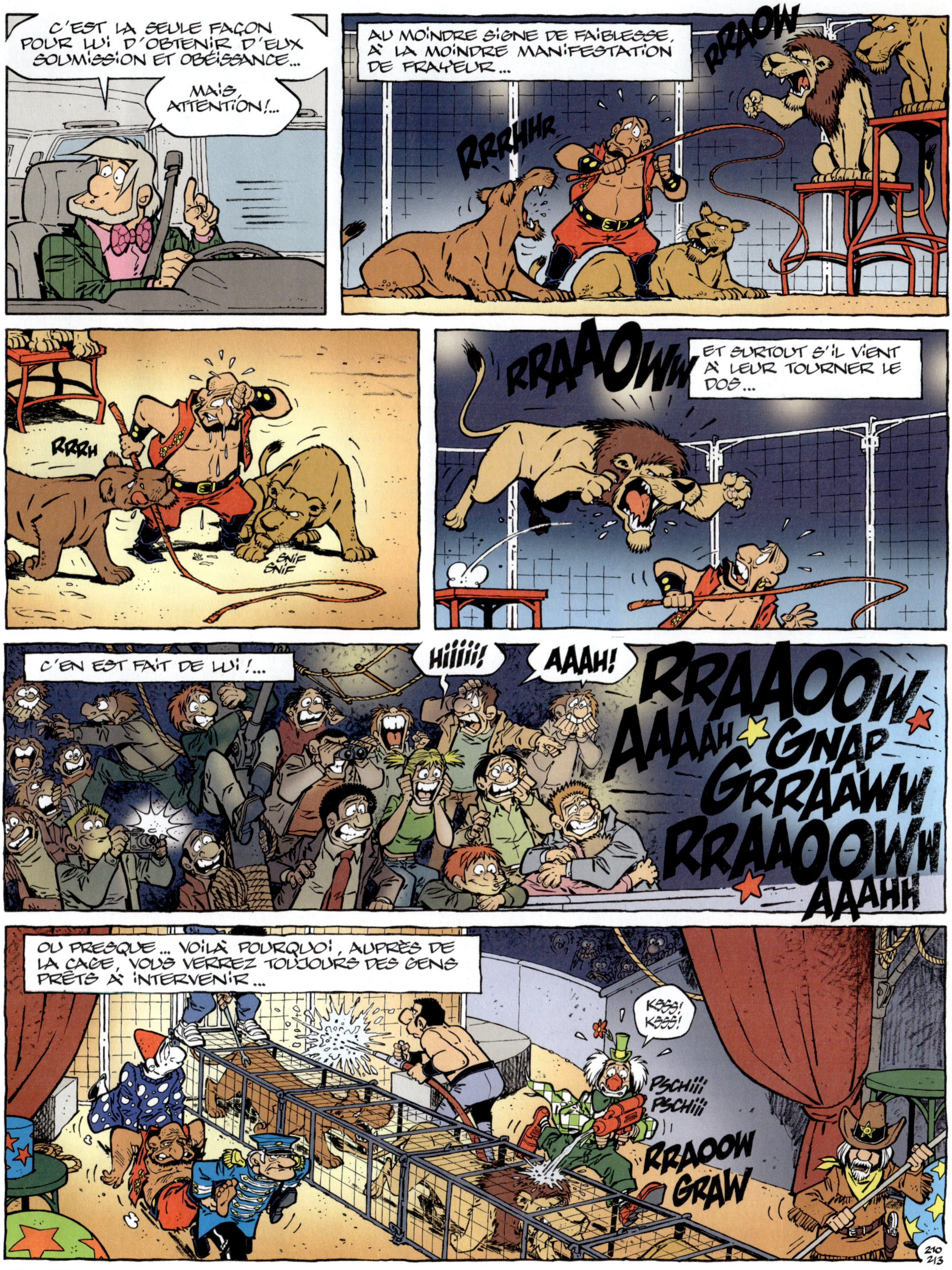
C'EST LA SEULE FAÇON POUR LUI D'OBTENIR D'EUX SOUMISSION ET OBÉISSANCE...
MAIS ATTENTION !...
AU MOINDRE SIGNE DE FAIBLESSE, À LA MOINDRE MANIFESTATION DE FRAYEUR...
RRAOW
RRRHHR
RRRH
SNIF SNIF
RRAAOWW
ET SURTOUT S'IL VIENT À LEUR TOURNER LE DOS...
C'EN EST FAIT DE LUI !...
HIIIII!
AAAH!
RRAAOOW
AAAAH
GNAP
GRRAAWW
RRAAOOWH
AAAHH
OU PRESQUE... VOILÀ POURQUOI, AUPRÈS DE LA CAGE, VOUS VERREZ TOUJOURS DES GENS PRÊTS À INTERVENIR...
KSSS! KSSS!
PSCHIII PSCHIII
RRAOOW GRAW
210 213

MAIS EN QUOI MA PRÉSENCE VOUS EST-ELLE NÉCESSAIRE ?
POUR QU'AU MOINDRE INCIDENT, VOUS SOYEZ, VOUS AUSSI, PRÊT À INTERVENIR...
VOUS CROYEZ QUE...?CE N'EST QU'UN CHIEN, APRÈS TOUT...
ON N'EST JAMAIS TROP PRUDENT !
VOUS COMPTEZ OPÉRER DE LA MÊME FAÇON ?
EXACTEMENT !
DING DONG
OÙ EST-IL ?
DANS LE JARDIN...
CROC
RRRH RRH
RRRH GRWOW GRR AAAH GRWOW
GGGH...
KSSS ! KSSS !
PSCHIIIII
KAAIIT
KAAIIT
DÉSOLÉ, JE NE PEUX RIEN POUR VOUS !...
MAINTENANT QUE NOUS SOMMES ENTRE NOUS, DITES-MOI FRANCHEMENT... QU'EST-CE QUI S'EST PASSÉ ?
VOUS AVEZ DÉJÀ RÉUSSI À FIXER DROIT DANS LES YEUX UN CHIEN QUI S'AVANCE VERS VOUS À RECULONS ?...
NON !
MOI NON PLUS !
210 313
CAUVIN - SÉDIL

Tronche de vie

PROFESSEUR MUNSTER...
HEUREUX QUE VOUS AYEZ RÉPONDU À MON APPEL, DOCTEUR MÉDARD...
HOPITAL BOURDON
Entreprise Générale de Médecine
AMBULANCE
QUE PUIS-JE POUR VOUS ?
LAISSEZ-MOI D'ABORD VOUS RELATER LES FAITS...
IL Y A QUELQUE TEMPS DE CELA, UN HOMME, S'ENTÊTANT À NE PAS FAIRE APPEL À UN SPÉCIALISTE, DÉCIDA DE DÉBOUCHER LUI-MÊME UN ÉGOUT...
SNIF SNIF
POUR CE FAIRE, IL MÉLANGEA DES PRODUITS HAUTEMENT TOXIQUES ET TRÈS INSTABLES...
LE RÉSULTAT FUT IMMÉDIAT...
WHAM
IL EN EST SORTI COMPLÈTEMENT DÉFIGURÉ !... ET PENDANT DEUX LONGUES ANNÉES, IL EST RESTÉ PROSTRÉ CHEZ LUI... JUSQU'À CE QUE, AYANT EU VENT DE SON CAS, JE SOIS ALLÉ LE TROUVER AFIN DE LUI PROPOSER DE LUI RECONSTITUER UN NOUVEAU VISAGE... CE QU'IL ACCEPTA...
AVANT
APRÈS
JE PRÉLEVAI DONC LES DIVERS GREFFONS SUR UN DONNEUR EN ÉTAT DE MORT CÉRÉBRALE, AVEC L'AVAL DE LA FAMILLE, S'ENTEND...
ET LE JOUR MÊME, JE COMMENÇAIS L'INTERVENTION... ELLE DURA PRÈS DE QUARANTE-HUIT HEURES !

MAIS ÇA VALAIT LE COUP... CAR QUAND, IL Y A QUELQUES JOURS, NOUS AVONS ENLEVÉ LES PANSEMENTS...
LE RÉSULTAT DÉPASSAIT TOUTES NOS ESPÉRANCES...
UNE COMPLÈTE RÉUSSITE ! TOUT LE MONDE ÉTAIT HEUREUX !
ET ÇA SE COMPREND...
SAUF LUI !
?
C'EST QUI, ÇA ?
BEN... VOUS !
MOI ?
NE VOUS MOQUEZ PAS DE MOI, DOCTEUR !... SI C'ÉTAIT MOI, JE ME RECONNAÎTRAIS... DEPUIS LE TEMPS QUE NOUS VIVONS ENSEMBLE !...
NON MAIS, EST-CE QUE VOUS VOUS RENDEZ COMPTE QU'ON A DÛ TOUT VOUS REFAIRE À NEUF ? LE FRONT, LES ARCADES SOURCILIÈRES, LE NEZ, LES POMMETTES, LES LÈVRES, LE MENTON...
VOUS DEVRIEZ COMPRENDRE QUE TOUTES CES OPÉRATIONS ONT MODIFIÉ UN TANT SOIT PEU VOTRE PHYSIONOMIE !...
J'AVAIS, LÀ, UNE PETITE VERRUE À LAQUELLE JE TENAIS...
BEN, ELLE A DISPARU PUISQU'ON VOUS A GREFFÉ LA PEAU D'UN DONNEUR...
JE... JE CROYAIS QUE VOUS ALLIEZ VOUS SERVIR DE LA MIENNE POUR ME REFAIRE LE VISAGE...
SI ON AVAIT DÛ UTILISER LA VÔTRE, VOUS SERIEZ ÉCORCHÉ VIF À L'HEURE QU'IL EST !
207 2/5

MAIS ALORS, J'AI LE VISAGE D'UN AUTRE !?
L'IMPORTANT EST QUE VOUS AYEZ RETROUVÉ UN FACIÈS HUMAIN, NON ?
ET ALORS ?
SUIVEZ-MOI.
DE TOUTE MA VIE, JE N'AI JAMAIS LAVÉ ET ENCORE MOINS RASÉ LE VISAGE D'UN INCONNU, ET CE N'EST PAS MAINTENANT QUE JE VAIS COMMENCER !
ET VOILÀ ! TANT D'EFFORTS RÉDUITS À NÉANT PARCE QUE CET IDIOT REFUSE D'ASSUMER !
SI VOUS POUVIEZ FAIRE QUELQUE CHOSE POUR QU'IL COMPRENNE ENFIN QUE NOUS AVONS AGI POUR SON BIEN...
!
MOI, J'AI TOUT ESSAYÉ... C'EST FINI, J'ABANDONNE !
PUIS-JE VOUS EMPRUNTER CE VASE ?
?
?
QU'EST-CE QUE C'EST ?
L'URNE CONTENANT LES CENDRES DU DONNEUR !
207 3/5

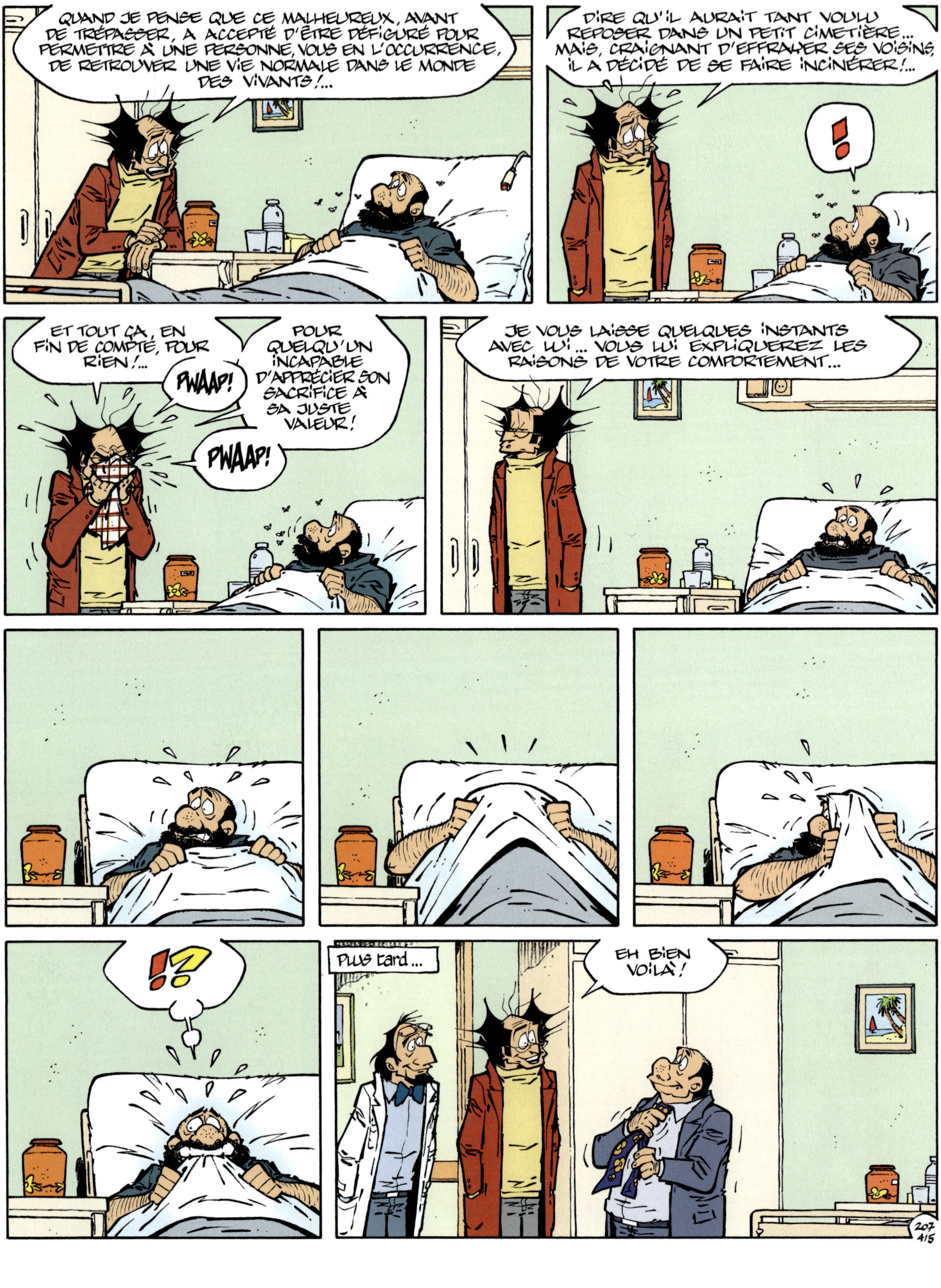
QUAND JE PENSE QUE CE MALHEUREUX, AVANT DE TRÉPASSER, A ACCEPTÉ D'ÊTRE DÉFIGURÉ POUR PERMETTRE À UNE PERSONNE, VOUS EN L'OCCURRENCE, DE RETROUVER UNE VIE NORMALE DANS LE MONDE DES VIVANTS !...
DIRE QU'IL AURAIT TANT VOULU REPOSER DANS UN PETIT CIMETIÈRE... MAIS, CRAIGNANT D'EFFRAYER SES VOISINS, IL A DÉCIDÉ DE SE FAIRE INCINÉRER !...
!
ET TOUT ÇA, EN FIN DE COMPTE, POUR RIEN !...
PWAAP!
POUR QUELQU'UN INCAPABLE D'APPRÉCIER SON SACRIFICE À SA JUSTE VALEUR !
PWAAP!
JE VOUS LAISSE QUELQUES INSTANTS AVEC LUI... VOUS LUI EXPLIQUEREZ LES RAISONS DE VOTRE COMPORTEMENT...
!?
PLUS TARD...
EH BIEN VOILÀ !
207 4/5

QU'EST-CE QUI VOUS A FAIT CHANGER D'AVIS ?
LUI !... ON A BIEN DISCUTÉ, IL A RÉUSSI À ME CONVAINCRE !
BRAVO ! VOUS AVEZ FAIT UN MIRACLE !
BAH ! IL SUFFISAIT D'UN BÊTE VASE... SON IMAGINATION A FAIT LE RESTE...
CE N'EST PAS UN BÊTE VASE, DOCTEUR...
C'EST VRAIMENT L'URNE CONTENANT LES CENDRES DU DONNEUR !... APRÈS LA CRÉMATION, ELLES SONT REVENUES ICI POUR ÊTRE RESTITUÉES À LA FAMILLE...
NE... NE ME DITES PAS QU... QU'IL A DISCUTÉ AVEC LE... !?
C'EST DU MOINS CE QU'IL PRÉTEND...
DE TOUTE FAÇON, IL FAUT BIEN SE RENDRE À L'ÉVIDENCE... LE FAIT EST LÀ !
HHH !...
ANTOINE, TU NE VEUX VRAIMENT PAS M'EXPLIQUER CE QUI T'A MIS DANS CET ÉTAT ?...
NAAN !
GLIGLING GLING
CE MÉTIER LE RENDRA FOU !...
CAUVIN - SÉDU

Pattes à tartes

SUIVANT !
AÏÏÏIE !
ENCORE VOUS ! *
OUI !
NE ME DITES PAS QUE VOUS AVEZ ENCORE PERDU VOS DOIGTS !
MOI ?! NOOOON !
OU ALORS QUE VOS MAINS SONT DE NOUVEAU EN CONFLIT !
PAS DU TOUT !
JE PUIS MÊME VOUS L'ASSURER, EN CE MOMENT, ELLES S'ENTENDENT À MERVEILLE !
J'AIME AUTANT VOUS L'ENTENDRE DIRE...
C'EST MÊME FOU CE QU'ELLES S'AIDENT MUTUELLEMENT...
ET ÇA À LONGUEUR DE JOURNÉE !
QUAND JE PARTICIPE À UN COCKTAIL, L'UNE TIENT LE VERRE PENDANT QUE L'AUTRE CHOISIT LES ZAKOUSKI...
LORSQUE JE M'ADONNE À LA LECTURE, L'UNE TIENT LE LIVRE ET L'AUTRE TOURNE LES PAGES...
SI L'UNE SAISIT UNE BOUTEILLE, C'EST L'AUTRE QUI ENLÈVERA LE BOUCHON...
ALORS QUE L'UNE IMMOBILISE MES ORTEILS, L'AUTRE LEUR COUPE LES ONGLES... C'EST FOU, NON ?!...
COMME VOUS DITES !
CRACK
CRACK
206 / 13

* VOIR ALBUM N° 11.

BIEN ! DE QUOI ÊTES-VOUS VENU ME PARLER, AU JUSTE ?
UN DÉTAIL, DOCTEUR... UN SIMPLE DÉTAIL...
VOYEZ-VOUS, JE SUIS CATHOLIQUE PRATIQUANT ET, CHAQUE DIMANCHE, JE RESPECTE LE JOUR DU SEIGNEUR EN ME RENDANT À L'OFFICE...
ET C'EST LÀ QUE LE BÂT BLESSE... MA MAIN GAUCHE REFUSE OBSTINÉMENT DE SE JOINDRE À LA DROITE POUR LES PRIÈRES !
C'EST TRÈS GÊNANT, CAR, QUAND VOUS PRIEZ D'UNE SEULE MAIN, VOUS DEVENEZ AUSSITÔT LE CENTRE D'ATTRACTION DE TOUS LES AUTRES FIDÈLES !
COMMENT EXPLIQUEZ-VOUS CELA, DOCTEUR ?
C'EST BIEN SIMPLE... VOUS ÊTES DROITIER ?
OUI.
LORSQUE VOUS VOUS RENDEZ À L'ÉGLISE, CE SONT TOUJOURS LES DOIGTS DE LA MAIN DROITE QUE VOUS TREMPEZ DANS LE BÉNITIER...
C'EST AUSSI AVEC LES DOIGTS DE LA MAIN DROITE QUE VOUS VOUS SIGNEZ...
AU NOM DU PÈRE...
DU FILS...
ET ENCORE AVEC LA MAIN DROITE QUE VOUS VOUS FRAPPEZ LA POITRINE...
MEA CULPA...
BOM
BOM
ET QUE FAIT VOTRE MAIN GAUCHE PENDANT TOUT CE TEMPS ?
BEN... RIEN !
206 213

ET QUE VOULEZ-VOUS QU'ELLE FASSE PUISQUE APPAREMMENT, JUSQU'ICI, VOUS L'AVEZ LAISSÉE DANS L'IGNORANCE LA PLUS TOTALE DES RITES DE VOTRE RELIGION !
MON DIEU, JE N'Y AVAIS JAMAIS SONGÉ !
QUE ME CONSEILLEZ-VOUS, DOCTEUR ?
CHANGEZ DE MAIN ! LA PROCHAINE FOIS QUE VOUS VOUS RENDEZ AU CULTE, UTILISEZ VOTRE MAIN GAUCHE...
ET ALORS ?
IL EST REVENU ME VOIR CE MATIN...
IL A SUIVI MON CONSEIL À LA LETTRE ET, DANS L'ENSEMBLE, ON PEUT DIRE QUE TOUT S'EST BIEN PASSÉ... IL S'EN EST SORTI À MERVEILLE POUR LE BÉNITIER ET LE "MEA CULPA"... IL N'Y A QUE LE SIGNE DE CROIX QUI POSE PROBLÈME...
POURQUOI ?
À CHAQUE FOIS, IL SE MET UN DOIGT DANS L'OEIL !
TU DEVRAIS REGARDER LA RÉALITÉ EN FACE, ANTOINE... CE TYPE SE FICHE DE TOI ET, MOI, À TA PLACE, JE N'HÉSITERAIS PAS À LUI COLLER MA MAIN DANS LA FIGURE !
OH, MAIS J'Y AI SONGÉ...
MAIS VOILÀ... LAQUELLE ? ELLES NE PARVIENNENT PAS À SE DÉCIDER !
CE MÉTIER LE RENDRA FOU !
CAUVIN - BÉDU

Mal de l'ère

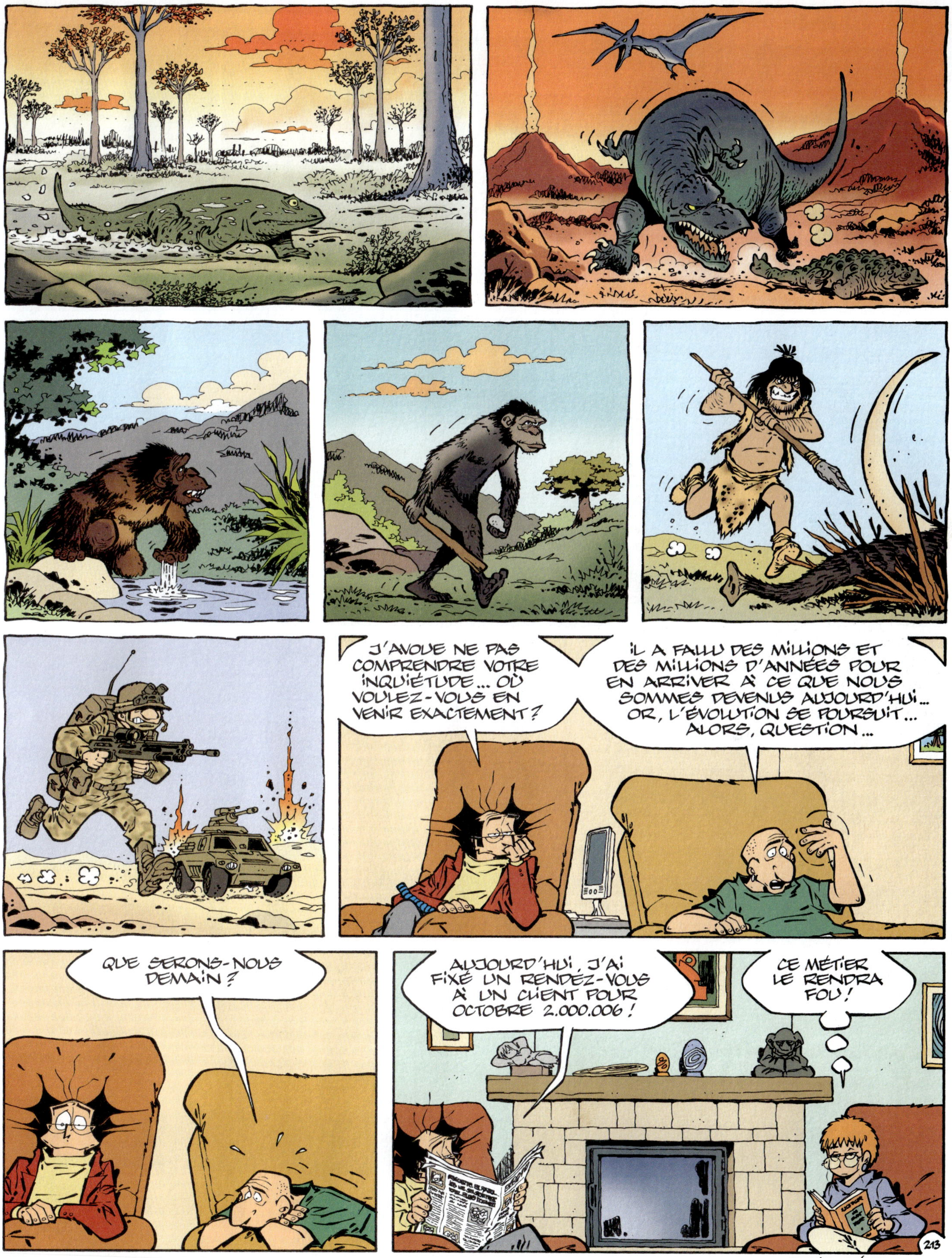
J'AVOUE NE PAS COMPRENDRE VOTRE INQUIÉTUDE... OÙ VOULEZ-VOUS EN VENIR EXACTEMENT ?
IL A FALLU DES MILLIONS ET DES MILLIONS D'ANNÉES POUR EN ARRIVER À CE QUE NOUS SOMMES DEVENUS AUJOURD'HUI... OR, L'ÉVOLUTION SE POURSUIT... ALORS, QUESTION...
QUE SERONS-NOUS DEMAIN ?
AUJOURD'HUI, J'AI FIXÉ UN RENDEZ-VOUS À UN CLIENT POUR OCTOBRE 2.000.006 !
CE MÉTIER LE RENDRA FOU !
213

Fenêtre de lancement

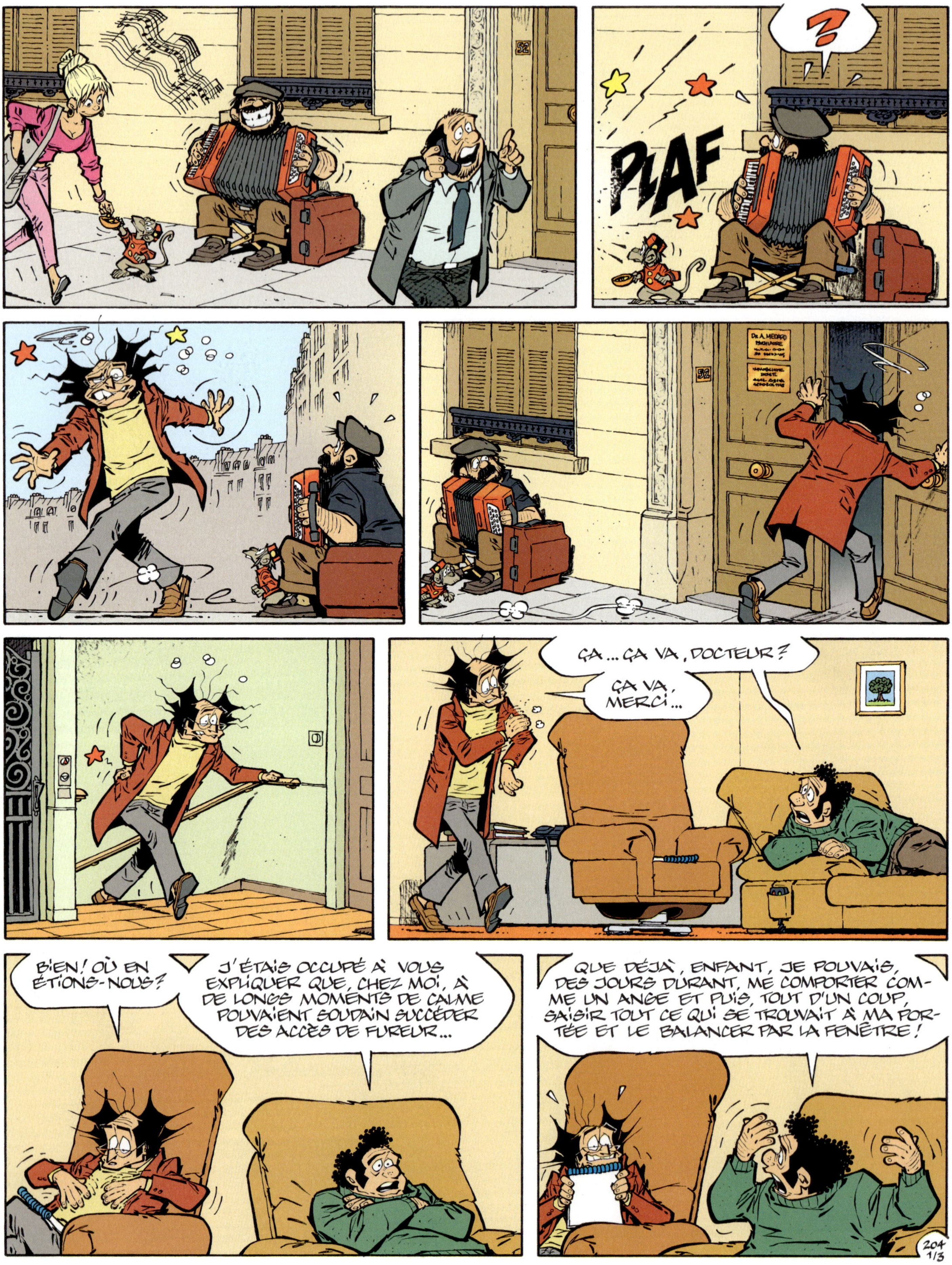
?
PLAF
ÇA ... ÇA VA, DOCTEUR ?
ÇA VA, MERCI ...
BIEN ! OÙ EN ÉTIONS-NOUS ?
J'ÉTAIS OCCUPÉ À VOUS EXPLIQUER QUE, CHEZ MOI, À DE LONGS MOMENTS DE CALME POUVAIENT SOUDAIN SUCCÉDER DES ACCÈS DE FUREUR ...
QUE DÉJÀ, ENFANT, JE POUVAIS, DES JOURS DURANT, ME COMPORTER COMME UN ANGE ET PUIS, TOUT D'UN COUP, SAISIR TOUT CE QUI SE TROUVAIT À MA PORTÉE ET LE BALANCER PAR LA FENÊTRE !

ET QUE MALHEUREUSEMENT, ENCORE AUJOURD'HUI, TOUT ÇA N'AVAIT PAS L'AIR DE VOULOIR SE CALMER...
LE DIAGNOSTIC EST ÉVIDENT... VOUS PRÉSENTEZ DES TROUBLES DE SCHIZOPHRÉNIE!
LES PSY QUE J'AI CONSULTÉS AVANT VOUS ÉTAIENT TOUS DU MÊME AVIS...
L'UN D'EUX VOUS A-T-IL PROPOSÉ UNE THÉRAPIE PARTICULIÈRE?
BEN, NON.
PAR CONTRE, ILS ONT ÉTÉ UNANIMES À M'INTERDIRE L'ACCÈS DE LEUR CABINET! ALORS LÀ, JE VOUS AVOUE SINCÈREMENT QUE JE NE COMPRENDS PAS...
VOUS M'ÉTONNEZ!
BIEN! AVANT MÊME D'ENTAMER UN TRAITEMENT EN PROFONDEUR SUR VOTRE PERSONNE ET POUR VOUS AIDER À MIEUX COMPRENDRE LA RÉACTION DE MES CONFRÈRES, AINSI QUE LA MIENNE, NOUS ALLONS EFFECTUER UN TRANSFERT...
HEIN?
PENDANT UN COURT LAPS DE TEMPS, JE SERAI VOUS, LE CONSULTANT, ET VOUS DEVIENDREZ MOI, L'ANALYSTE...
GRATT GRATT GRATT
PRENEZ DONC MA PLACE, JE PRENDS LA VÔTRE...
?
ET À PRÉSENT, POSEZ-MOI LA QUESTION QUE JE VOUS AVAIS FORMULÉE AU DÉBUT DE NOTRE ENTRETIEN...
EUH... ALLEZ-Y,... JE... JE VOUS ÉCOUTE...
204
2/3

?
PLAF
VOUS AVEZ COMPRIS ?
OH, OUI !
ET... QU'AVEZ-VOUS COMPRIS ?
BEN... ÇA FAIT TRÈS MAL !
BIEN !
MAINTENANT QUE NOUS AVONS RÉGLÉ CE PROBLÈME, NOUS POUVONS PASSER À LA THÉRAPIE PROPREMENT DITE... OÙ EN ÉTIONS-NOUS ?
QUOI !... DEPUIS LE DÉBUT ?
RRR RRR
BIEN ENTENDU, DEPUIS LE DÉBUT... ALLEZ-Y, JE VOUS ÉCOUTE !
EH BIEN VOILÀ, J'ÉTAIS OCCUPÉ À VOUS EX...
204 313
CAUVIN - BÉDU.

Hydrothérapie

JE VOUS ÉCOUTE !
BEN, VOILÀ...
DUB DUB DUB
J'ÉTAIS ENCORE TOUT BÉBÉ QUAND, UN JOUR, MA MÈRE M'A LAISSÉ TOMBER DANS L'EAU DU BAIN...
Hiiiii !
SPLAF
DEPUIS LORS, J'AI GARDÉ UNE SAINTE HORREUR DE L'EAU !... JE NE PEUX MÊME PLUS LA VOIR EN PEINTURE...
DUDUB DUB DUB
À TEL POINT QUE, CHEZ MOI, VOUS NE VERREZ AUCUNE AQUARELLE ACCROCHÉE AUX MURS... RIEN QUE DES PEINTURES À L'HUILE !
NE ME DITES PAS QUE VOUS NE VOUS LAVEZ JAMAIS !
SI, BIEN SÛR ! MAIS JE N'UTILISE QUE DES LOTIONS.
PAS FACILE DANS CES CONDITIONS DE PRENDRE UN BAIN, ENCORE MOINS UNE DOUCHE...
DÉTROMPEZ-VOUS !
UN BAIN, J'EN PRENDS CHAQUE SAMEDI, LORSQUE J'AI RÉUSSI À REMPLIR LA BAIGNOIRE DE LAIT !
LE SAMEDI SEULEMENT ?
TRAIRE UNE VACHE, C'EST DÉJÀ ASSEZ FASTIDIEUX COMME ÇA, JE NE TIENS PAS NON PLUS À CE QU'ELLE MEURE D'ÉPUISEMENT !...
VOUS N'ÊTES PAS SANS SAVOIR QU'IL EXISTE DU LAIT EN BOUTEILLES...
J'AI TOUJOURS PENSÉ QU'IL ÉTAIT ALLONGÉ D'EAU !
211 1/3

IL NE VOUS EST JAMAIS ARRIVÉ DE VOUS RETROUVER DEHORS, SOUS UNE PLUIE BATTANTE ?
PAS SI BÊTE ! AVANT DE SORTIR, JE CONSULTE TOUJOURS LE DERNIER BULLETIN MÉTÉO !
IL VOUS ARRIVE QUAND MÊME DE PRENDRE DES VACANCES ?
CHAQUE ANNÉE, JE ME RENDS DANS LA MÊME RÉGION, LE MAROC SAHARIEN...
MAIS SACRÉ NOM DE NOM ! COMMENT FAITES-VOUS POUR SURVIVRE, SANS EAU, DANS UNE RÉGION PAREILLE ?
JE N'EMMÈNE AVEC MOI QUE DES CHAMELLES !
AVEC CE TYPE DE TROUBLE, JE PRÉSUME QUE VOUS DEVEZ ÊTRE SANS EMPLOI...
HAHAHA ! JE L'ATTENDAIS, CELLE-LÀ...
JE TRAVAILLE DANS UNE ENTREPRISE DE NETTOYAGE À SEC !
BEN VOYONS ! J'AURAIS DÛ Y SONGER...
EN FAIT, VOUS NE BUVEZ QUE DU LAIT ?
ET DES ORANGES PRESSÉES...
BOM
OH, PARDON, DOCTEUR, JE CROYAIS QUE...
NON, NON ! VOUS TOMBEZ BIEN, YVONNE... J'AI JUSTEMENT UN PETIT SERVICE À VOUS DEMANDER...
VOUS PERMETTEZ ?
JE VOUS EN PRIE...
211
213

ET VOILÀ !
ALORS, DOCTEUR, QU'EST-CE QUE VOUS EN PENSEZ ?
QUE VOTRE HYDROPHOBIE A ATTEINT UN TEL DEGRÉ DE GRAVITÉ QUE, POUR VOUS SORTIR DE LÀ, IL VA NOUS FALLOIR FRAPPER UN GRAND COUP !...
YVONNE !
AH, NON !... NOOON !...
ALLEZ-Y ! QU'EST-CE QUE VOUS ATTENDEZ ?
NOOON !
NOON !
SPLASH
AAAAH !
ALORS ?
BEN... EUH... RIEN !...
VOUS VOYEZ BIEN !
SÉPARER DEUX HOMMES À COUPS DE SEAUX D'EAU... PARFOIS, JE ME DEMANDE OÙ TU ES TOMBÉE, MA PAUVRE FILLE !...
JE TRAVAILLE CHEZ UN PSY, MAMAN...
CAUVIN-SÉRON

Rêve d'amor

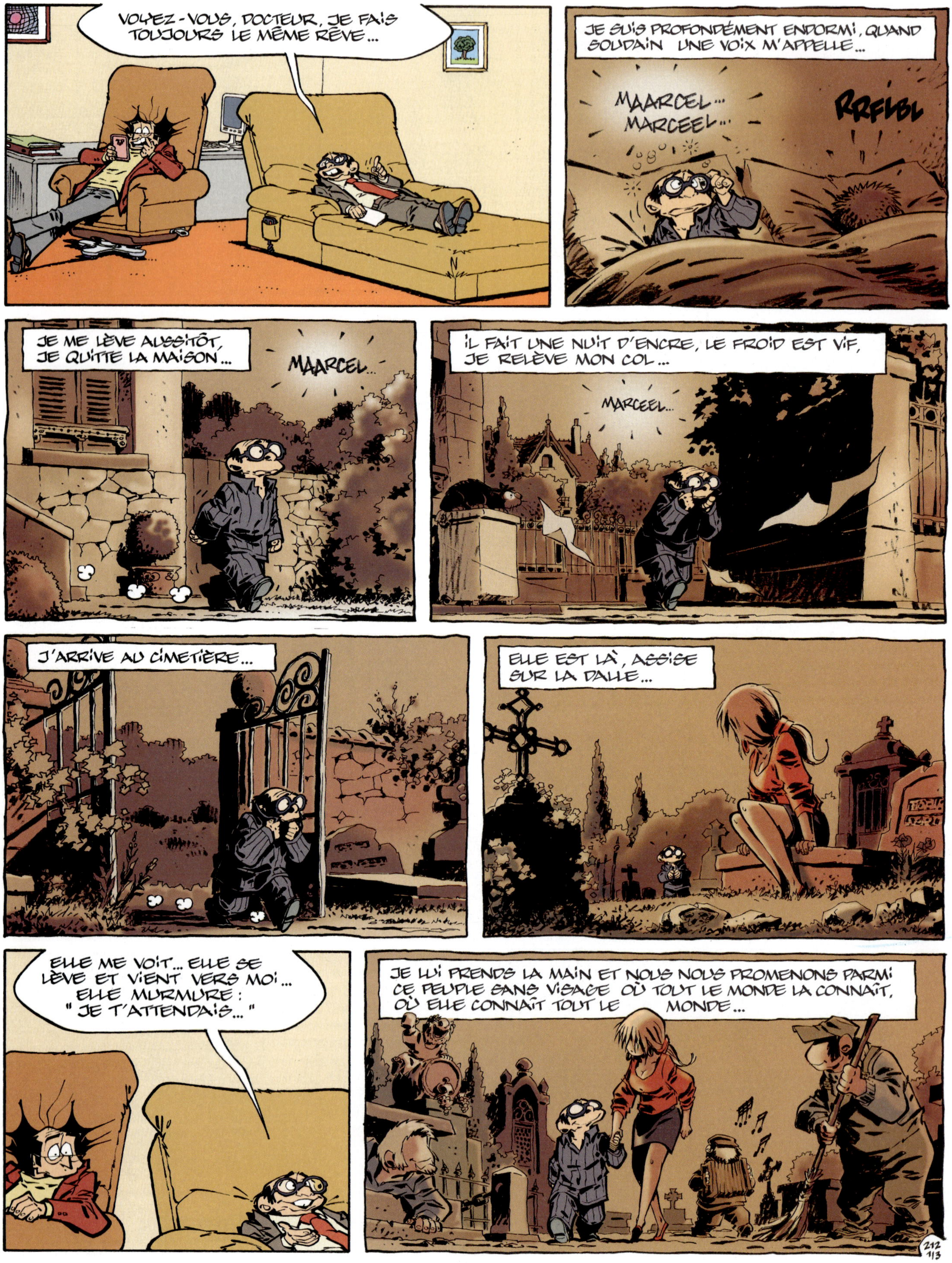

VOYEZ-VOUS, DOCTEUR, JE FAIS TOUJOURS LE MÊME RÊVE...
JE SUIS PROFONDÉMENT ENDORMI, QUAND SOUDAIN UNE VOIX M'APPELLE...
MAARCEL... MARCEEL...
RRFLBL
JE ME LÈVE AUSSITÔT, JE QUITTE LA MAISON...
MAARCEL...
IL FAIT UNE NUIT D'ENCRE, LE FROID EST VIF, JE RELÈVE MON COL...
MARCEEL...
J'ARRIVE AU CIMETIÈRE...
ELLE EST LÀ, ASSISE SUR LA DALLE...
ELLE ME VOIT... ELLE SE LÈVE ET VIENT VERS MOI... ELLE MURMURE : " JE T'ATTENDAIS... "
JE LUI PRENDS LA MAIN ET NOUS NOUS PROMENONS PARMI CE PEUPLE SANS VISAGE OÙ TOUT LE MONDE LA CONNAÎT, OÙ ELLE CONNAÎT TOUT LE MONDE...

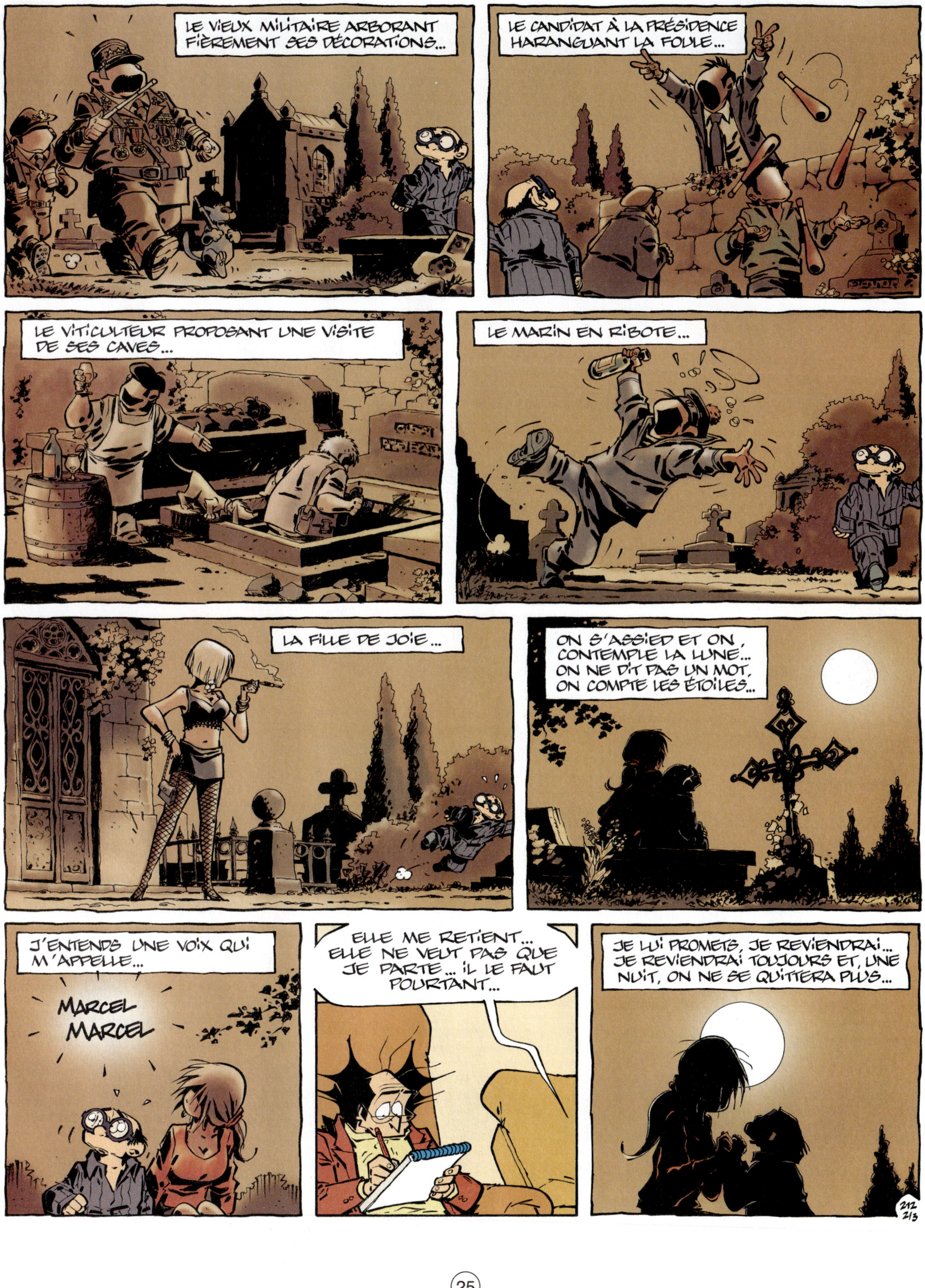
LE VIEUX MILITAIRE ARBORANT FIÈREMENT SES DÉCORATIONS...
LE CANDIDAT À LA PRÉSIDENCE HARANGUANT LA FOULE...
LE VITICULTEUR PROPOSANT UNE VISITE DE SES CAVES...
LE MARIN EN RIBOTE...
LA FILLE DE JOIE...
ON S'ASSIED ET ON, CONTEMPLE LA LUNE... ON NE DIT PAS UN MOT, ON COMPTE LES ÉTOILES...
J'ENTENDS UNE VOIX QUI M'APPELLE...
MARCEL
MARCEL
ELLE ME RETIENT... ELLE NE VEUT PAS QUE JE PARTE... IL LE FAUT POURTANT...
JE LUI PROMETS, JE REVIENDRAI... JE REVIENDRAI TOUJOURS ET, UNE NUIT, ON NE SE QUITTERA PLUS...

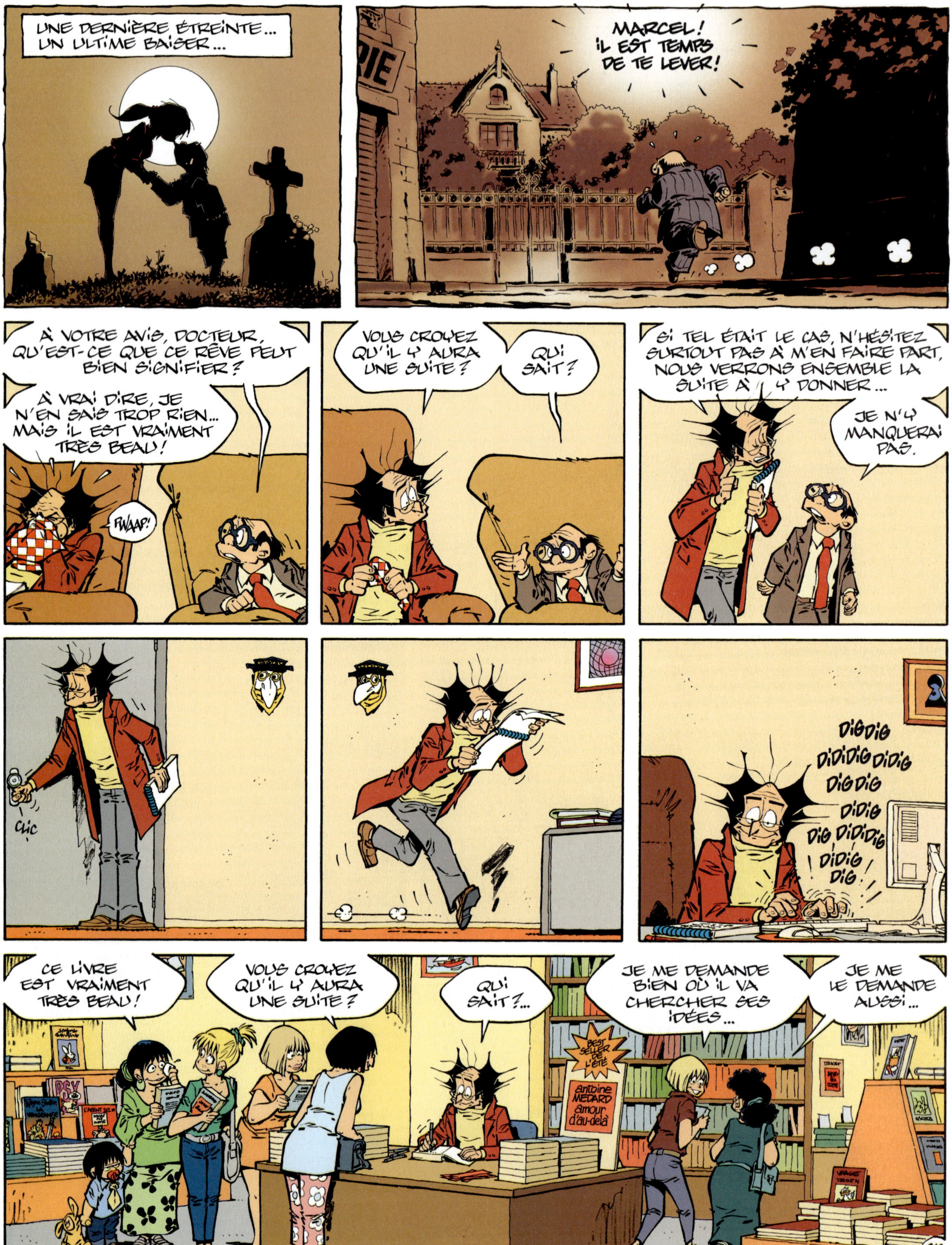
UNE DERNIÈRE ÉTREINTE... UN ULTIME BAISER...
RIE
MARCEL ! IL EST TEMPS DE TE LEVER !
À VOTRE AVIS, DOCTEUR, QU'EST-CE QUE CE RÊVE PEUT BIEN SIGNIFIER ?
À VRAI DIRE, JE N'EN SAIS TROP RIEN... MAIS IL EST VRAIMENT TRÈS BEAU !
PWAAP !
VOUS CROYEZ QU'IL Y AURA UNE SUITE ?
QUI SAIT ?
SI TEL ÉTAIT LE CAS, N'HÉSITEZ SURTOUT PAS À M'EN FAIRE PART, NOUS VERRONS ENSEMBLE LA SUITE À Y DONNER...
JE N'Y MANQUERAI PAS.
CLIC
DIGDIG
DIDIDIG DIDIG
DIGDIG
DIDIG
DIG DIDIDIG
DIDIG
DIG
CE LIVRE EST VRAIMENT TRÈS BEAU !
VOUS CROYEZ QU'IL Y AURA UNE SUITE ?
QUI SAIT ?...
JE ME DEMANDE BIEN OÙ IL VA CHERCHER SES IDÉES...
JE ME LE DEMANDE AUSSI...
BEST SELLER DE L'ÉTÉ
Antoine MEDARD amour d'au-delà
PSY
212 313
CAUVIN - BÉDU

Clebsydre

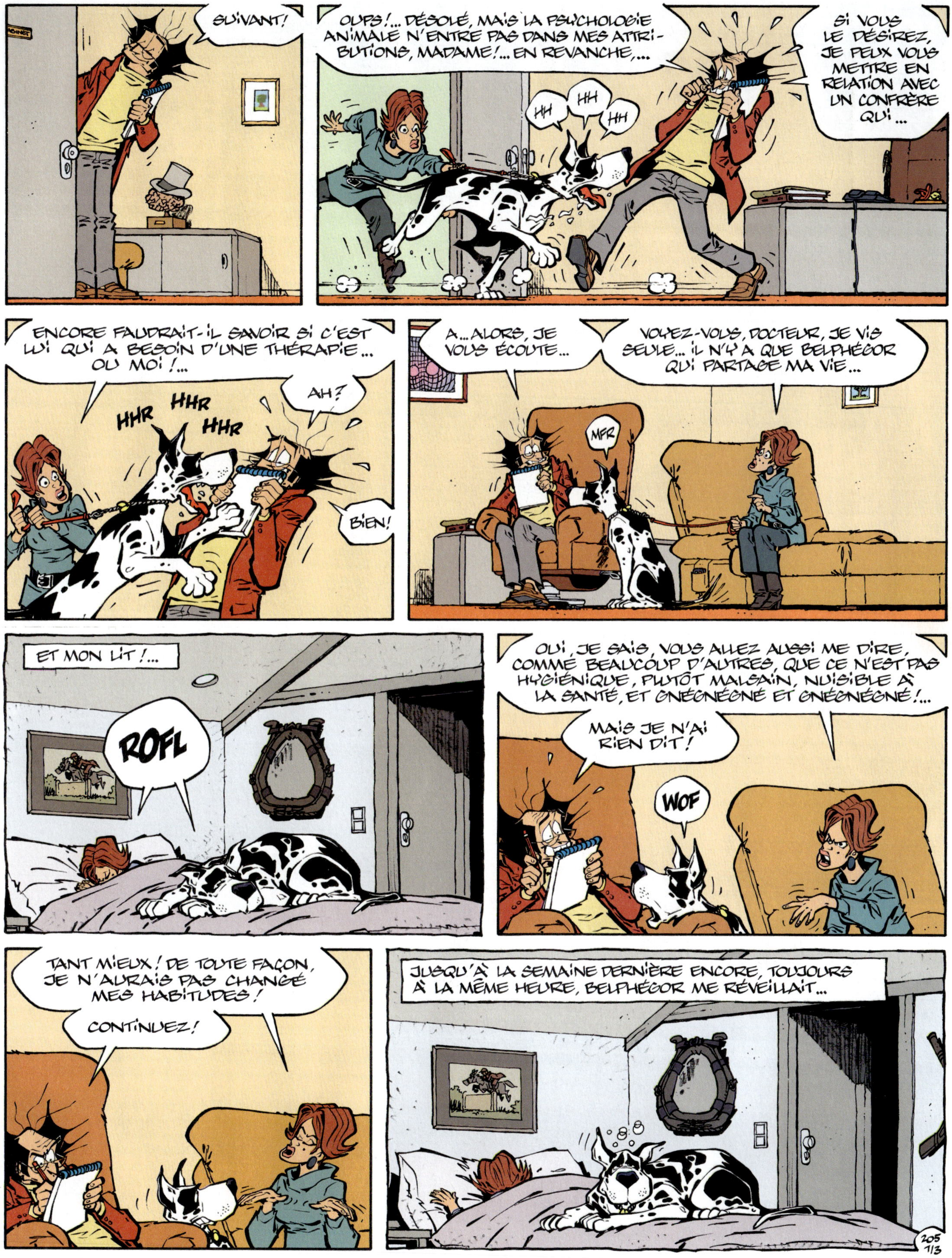
SUIVANT!
OUPS!... DÉSOLÉ, MAIS LA PSYCHOLOGIE ANIMALE N'ENTRE PAS DANS MES ATTRIBUTIONS, MADAME!... EN REVANCHE,...
SI VOUS LE DÉSIREZ, JE PEUX VOUS METTRE EN RELATION AVEC UN CONFRÈRE QUI...
HH
HH
HH
ENCORE FAUDRAIT-IL SAVOIR SI C'EST LUI QUI A BESOIN D'UNE THÉRAPIE... OU MOI!...
HHR
HHR
HHR
AH?
BIEN!
A... ALORS, JE VOUS ÉCOUTE...
VOYEZ-VOUS, DOCTEUR, JE VIS SEULE... IL N'Y A QUE BELPHÉGOR QUI PARTAGE MA VIE...
MFR
ET MON LIT!...
ROFL
OUI, JE SAIS, VOUS ALLEZ AUSSI ME DIRE, COMME BEAUCOUP D'AUTRES, QUE CE N'EST PAS HYGIÉNIQUE, PLUTÔT MALSAIN, NUISIBLE À LA SANTÉ, ET GNÉGNÉGNÉ ET GNÉGNÉGNÉ!...
MAIS JE N'AI RIEN DIT!
WOF
TANT MIEUX! DE TOUTE FAÇON, JE N'AURAIS PAS CHANGÉ MES HABITUDES!
CONTINUEZ!
JUSQU'À LA SEMAINE DERNIÈRE ENCORE, TOUJOURS À LA MÊME HEURE, BELPHÉGOR ME RÉVEILLAIT...
205 1/3

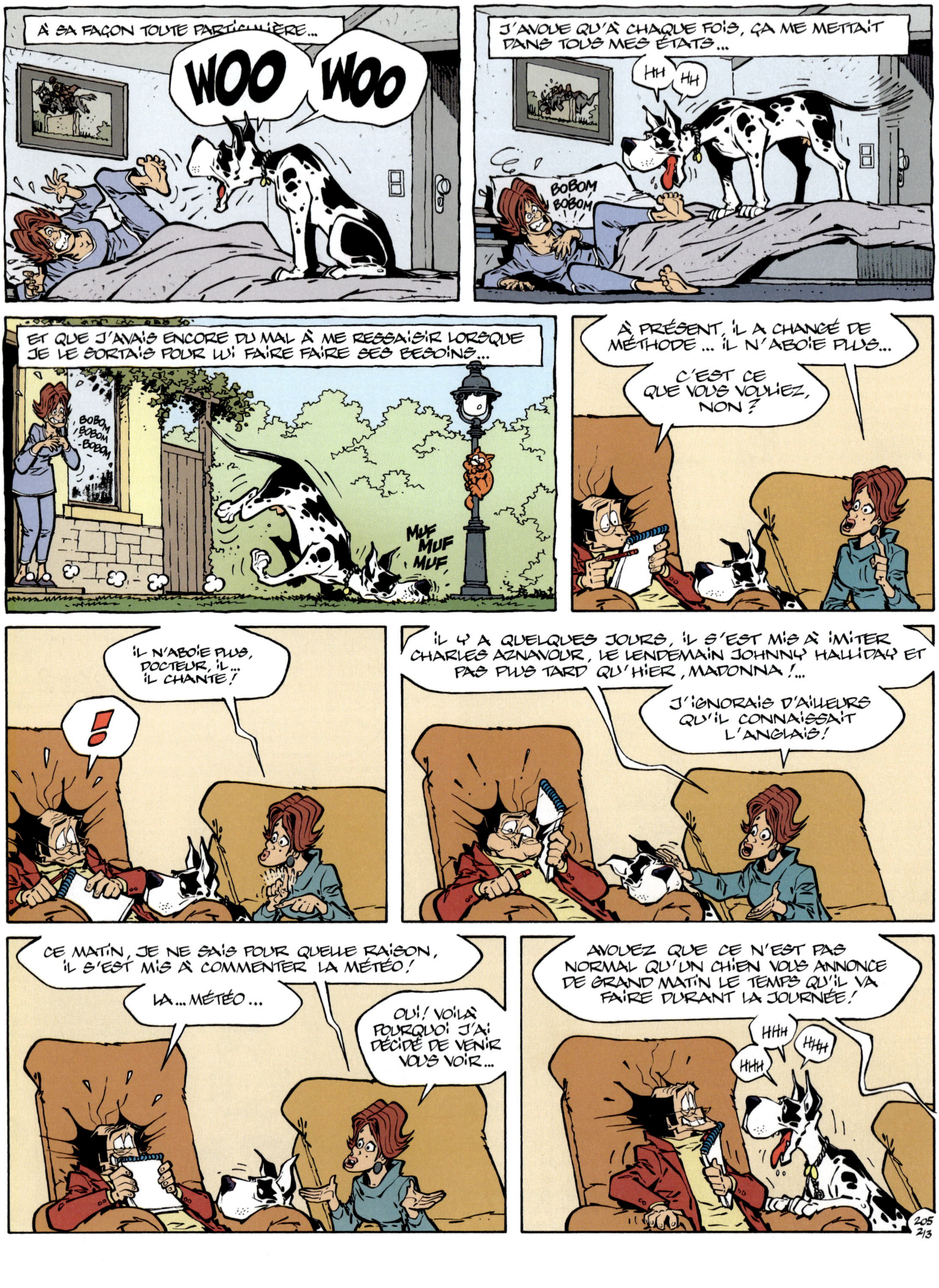
À SA FAÇON TOUTE PARTICULIÈRE...
WOO WOO
J'AVOUE QU'À CHAQUE FOIS, ÇA ME METTAIT DANS TOUS MES ÉTATS...
HH HH
BOBOM BOBOM
ET QUE J'AVAIS ENCORE DU MAL À ME RESSAISIR LORSQUE JE LE SORTAIS POUR LUI FAIRE FAIRE SES BESOINS...
BOBOM BOBOM BOBOM
MUF MUF MUF
À PRÉSENT, IL A CHANGÉ DE MÉTHODE... IL N'ABOIE PLUS...
C'EST CE QUE VOUS VOULIEZ, NON ?
IL N'ABOIE PLUS, DOCTEUR, IL... IL CHANTE !
!
IL Y A QUELQUES JOURS, IL S'EST MIS À IMITER CHARLES AZNAVOUR, LE LENDEMAIN JOHNNY HALLIDAY ET PAS PLUS TARD QU'HIER, MADONNA !...
J'IGNORAIS D'AILLEURS QU'IL CONNAISSAIT L'ANGLAIS !
CE MATIN, JE NE SAIS POUR QUELLE RAISON, IL S'EST MIS À COMMENTER LA MÉTÉO !
LA... MÉTÉO...
OUI ! VOILÀ POURQUOI J'AI DÉCIDÉ DE VENIR VOUS VOIR...
AVOUEZ QUE CE N'EST PAS NORMAL QU'UN CHIEN VOUS ANNONCE DE GRAND MATIN LE TEMPS QU'IL VA FAIRE DURANT LA JOURNÉE !
HHH HHHH HHH
205 213

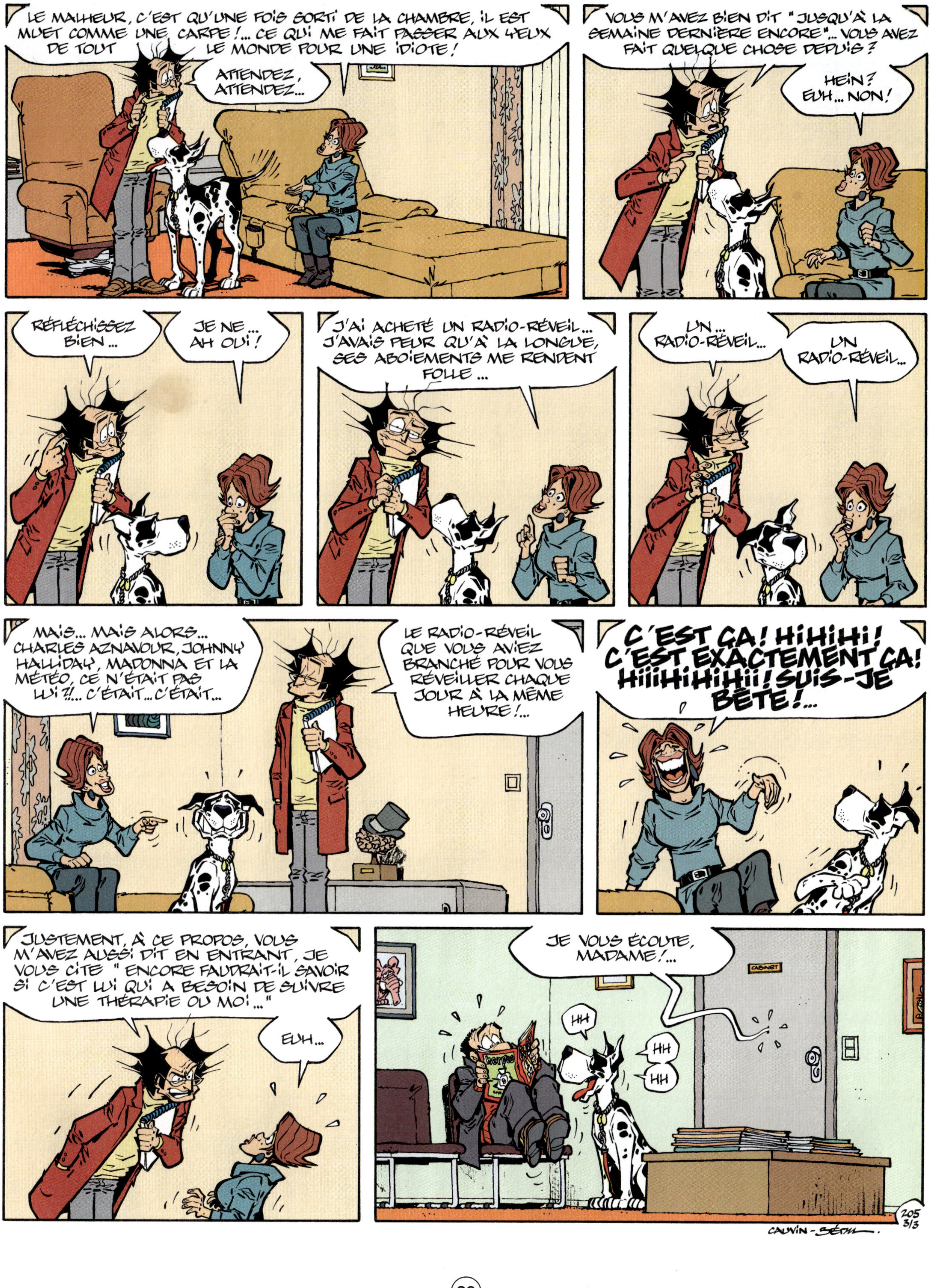

LE MALHEUR, C'EST QU'UNE FOIS SORTI DE LA CHAMBRE, IL EST MUET COMME UNE CARPE !... CE QUI ME FAIT PASSER AUX YEUX DE TOUT LE MONDE POUR UNE IDIOTE !
ATTENDEZ, ATTENDEZ...
VOUS M'AVEZ BIEN DIT "JUSQU'À LA SEMAINE DERNIÈRE ENCORE"... VOUS AVEZ FAIT QUELQUE CHOSE DEPUIS ?
HEIN ? EUH... NON !
RÉFLÉCHISSEZ BIEN...
JE NE... AH OUI !
J'AI ACHETÉ UN RADIO-RÉVEIL... J'AVAIS PEUR QU'À LA LONGUE, SES ABOIEMENTS ME RENDENT FOLLE...
UN... RADIO-RÉVEIL...
UN RADIO-RÉVEIL...
MAIS... MAIS ALORS... CHARLES AZNAVOUR, JOHNNY HALLIDAY, MADONNA ET LA MÉTÉO, CE N'ÉTAIT PAS LUI ?!... C'ÉTAIT... C'ÉTAIT...
LE RADIO-RÉVEIL QUE VOUS AVIEZ BRANCHÉ POUR VOUS RÉVEILLER CHAQUE JOUR À LA MÊME HEURE !...
C'EST ÇA ! HIHIHI ! C'EST EXACTEMENT ÇA ! HIIIHIHIHII ! SUIS-JE BÊTE !...
JUSTEMENT, À CE PROPOS, VOUS M'AVEZ AUSSI DIT EN ENTRANT, JE VOUS CITE " ENCORE FAUDRAIT-IL SAVOIR SI C'EST LUI QUI A BESOIN DE SUIVRE UNE THÉRAPIE OU MOI..."
EUH...
JE VOUS ÉCOUTE, MADAME !...
CABINET
HH
HH
HH
205 3/3
CAUVIN - SÉDYS.

Le maléfice du doute

JE VOUS ÉCOUTE !
MA FEMME EST UNE SORCIÈRE !
ALLONS, BON ! CELLE-LÀ, JE NE L'AVAIS JAMAIS ENCORE ENTENDUE !
EXPLIQUEZ-MOI CE QUI VOUS PERMET DE CROIRE CELA...
QUAND ELLE SE FÂCHE, IL FAUT TOUJOURS QU'ELLE ME TRANSFORME EN ANIMAL !
IL Y A QUELQUES MOIS, CE FUT EN CRAPAUD !... ÇA PASSAIT ENCORE...
KWÂÂK
KWÂÂK
!
ENSUITE, EN LAPIN DE GARENNE !... JE N'AI ENCORE TROP RIEN DIT...
!
MAIS IL Y A HUIT JOURS, CE FUT EN BOUC !... L'HORREUR ! ON ME CHASSAIT DE PARTOUT À CAUSE DE L'ODEUR... ALORS LÀ, J'AI COMMENCÉ À LA TROUVER MAUVAISE...
D'AUTANT PLUS QU'À PRÉSENT, ELLE MENACE TOUT SIMPLEMENT DE ME QUITTER, NON SANS M'AVOIR AUPARAVANT CHANGÉ EN PORC !... NON, MAIS VOUS VOUS RENDEZ COMPTE ? J'AURAI L'AIR DE QUOI, MOI, EN PORC ?
J'OSE ESPÉRER QUE VOUS N'ALLEZ PAS ESSAYER DE ME FAIRE CROIRE EN PLUS QUE VOUS L'AVEZ VUE PARFOIS ENFOURCHER UN BALAI POUR SE RENDRE DANS UN ENDROIT SECRET AFIN DE PRATIQUER JE NE SAIS QUEL RITE SATANIQUE !
SI !
215 1/4

MAIS PAS SUR UN BALAI... SUR UN ASPIRATEUR !... LE MONDE ÉVOLUE, LES SORCIÈRES AUSSI...
DEHORS!
HEIN? MAIS...
DEHOOORS!
...ET DURANT LES QUINZE JOURS QUI ONT SUIVI, JE NE L'AI PLUS REVU, NI ENTENDU... J'AI COMMENCÉ À M'INQUIÉTER...
NE ME DITES PAS QUE VOUS AVEZ, NE FÛT-CE QU'UN INSTANT, CRU À CES BALIVERNES?
AU DÉBUT, NON, BIEN SÛR... MAIS LE TEMPS PASSANT, LE DOUTE, SOURNOISEMENT, S'EST INSINUÉ EN MOI... M'A RONGÉ DE L'INTÉRIEUR...
JE N'EN DORMAIS PLUS LA NUIT !... J'ÉTAIS SANS CESSE TORTURÉ À L'IDÉE QUE DANS TOUTE CETTE HISTOIRE, IL POURRAIT PEUT-ÊTRE Y AVOIR UN FOND, UNE MINUSCULE PARCELLE DE VÉRITÉ !...
DANS NOTRE MÉTIER, C'EST VRAI CELA NOUS ARRIVE BEAUCOUP PLUS FRÉQUEMMENT QU'ON NE LE CROIT... ET ENSUITE?
POUR EN AVOIR LE CŒUR NET...
JE ME SUIS RENDU À L'ADRESSE QU'IL M'AVAIT DONNÉE LORSQUE J'AVAIS CONSTITUÉ SON DOSSIER... JE N'Y AI TROUVÉ QU'UNE RUINE !
!

J'AI ÉTÉ PRIS DE PANIQUE !... ET SI RÉELLEMENT ELLE L'AVAIT QUITTÉ APRÈS L'AVOIR TRANSFORMÉ EN PORC, L'ABANDONNANT AINSI À SON TRISTE SORT ?... ALORS, JE ME SUIS PRÉCIPITÉ À L'ABATTOIR !...
À... L'ABATTOIR ?...
LA S.P.A. RECUEILLE BEAUCOUP D'ANIMAUX ABANDONNÉS... CHATS, CHIENS, CHEVAUX, VOIRE DES CANARIS... MAIS RAREMENT DES PORCS !
JE L'AI CHERCHÉ PARTOUT... SANS RÉSULTAT...
SI VOUS ÊTES PARMI EUX, GROGNEZ TROIS FOIS !
EH!
HO!
HOUHOU?
HRWiii HRWiii
JE SUIS RENTRÉ CHEZ MOI BOURRÉ DE REMORDS ET BIEN DÉCIDÉ À NE PLUS TOUCHER À LA VIANDE DE PORC !
JE... JE N'EN VOIS PAS LA RAISON...
RIEN QU'À L'IDÉE DE MANGER MON CLIENT, ÇA ME DONNAIT DES SUEURS FROIDES !
SSIR !
HIER, IL A ENFIN DONNÉ SIGNE DE VIE...
ALLO !
VOUS !? MAIS, BON SANG DE BON SANG, OÙ ÊTES-VOUS ?
COMMENT ÇA, À L'ASILE ?
NE BOUGEZ PAS, J'ARRIVE !
RENSEIGNEMENTS PRIS, IL Y ÉTAIT PENSIONNAIRE DEPUIS DES ANNÉES... IL M'AVAIT BIEN EU !...
215 3/4

ET MOI, COMME LE DERNIER DES IMBÉCILES, J'AI FONCÉ TÊTE BAISSÉE DANS CETTE STUPIDE HISTOIRE !
ÇA ARRIVE À TOUT LE MONDE...
BIEN ! À PRÉSENT, IL FAUT QUE JE VOUS QUITTE... OU JE RISQUE D'ÊTRE EN RETARD À MON CABINET...
OH ! MOI AUSSI !
MERCI DE M'AVOIR ÉCOUTÉ.
MAIS DE RIEN.
Plus tard...
JE VOUS ÉCOUTE...
MA FEMME EST UNE SORCIÈRE !...
VOUS ?! AH NON ! NON, NON ET NON ! N'ESPÉREZ SURTOUT PAS ME FAIRE AVALER TOUTES VOS IDIOTIES !... JE NE SUIS PAS AUSSI NAÏF QUE MON CONFRÈRE, MOI !...
PARLONS-EN DE VOTRE CONFRÈRE !... QUAND JE SUIS ALLÉ LE TROUVER, IL N'A PAS VOULU ME CROIRE... HIER ENCORE, IL ÉTAIT COMME VOUS ET MOI, SAIN DE CORPS ET BIEN À L'AISE DANS SES BASKETS... SI VOUS VOYIEZ DE QUOI IL A L'AIR AUJOURD'HUI !...
?
QUE... QUE S'EST-IL PASSÉ ?
MA FEMME...
HRWIIK !
?
?
?
EUH... HUM... ALLONS-Y, JE VOUS ÉCOUTE... DITES-MOI D'ABORD CE QUI VOUS FERMET DE CROIRE CELA...
EH BEN, VOILÀ... QUAND ELLE SE FÂCHE...
215 4/4
CAUVIN - SÉDIL

Mains baladeuses

BOM
HHHENCORE VOUS !
JE M'ÉTONNAIS AUSSI DE NE PAS VOUS AVOIR VU CES DERNIERS TEMPS...
J'AI EU UN EMPÊCHEMENT !
ET JE SUPPOSE QUE VOUS ALLEZ DE NOUVEAU ME RACONTER QUE VOUS AVEZ ENCORE EU DES ENNUIS AVEC VOS MAINS...
C'EST EXACT !
BEN, TIENS... RACONTEZ-MOI ...
ELLES AVAIENT DÉCIDÉ DE PRENDRE DES VACANCES... LE MALHEUR, C'EST QU'ELLES NE SONT PAS PARVENUES À S'ENTENDRE SUR UNE DESTINATION !...
L'UNE VOULAIT ALLER AUX SPORTS D'HIVER ET L'AUTRE FAIRE DE LA PLONGÉE SOUS-MARINE... POUR FINIR, ELLES ONT DÉCIDÉ DE PARTIR CHACUNE DE LEUR CÔTÉ !
GRATTE GRATTE
C'EST CELA QUI VOUS A EMPÊCHÉ DE VENIR JUSQU'ICI ?
BEN, OUI !...
J'AURAIS VOULU VOUS Y VOIR, MOI, AVEC UNE MAIN DANS LE CONGÉLATEUR ET L'AUTRE DANS L'AQUARIUM !
DJÛÛÛ !
SUIVANT !
TOC
209
CAUVIN-BÉDU

Tension de famille

À PROPOS, ANTOINE, IL FAUT QUE JE TE DISE... TU TE SOUVIENS QU'ANGÈLE, MA NIÈCE, ÉTAIT VENUE NOUS PRÉSENTER SON PETIT AMI, L'ANNÉE PASSÉE ?...
HINHIN...
JE NE T'EN AI PAS PARLÉ, MAIS, PAR LA SUITE, NOUS NOUS ÉTIONS REVUES PLUSIEURS FOIS...
HONHON...
SCHIISCHII
SCHIISHOO
SHOSCHII
SCHII
ELLE ÉTAIT D'UNE JALOUSIE FÉROCE ! ELLE NE SUPPORTAIT PAS QUE SON COPAIN REGARDE UNE AUTRE FEMME, DANS LA RUE OU AILLEURS...
SCHIISCHII
ET QU'EST-CE QUE TU LUI AS DIT ?
QU'ELLE AVAIT BIEN RAISON...
SRRP
QUE LES HOMMES SONT TOUS PAREILS, QUE QUAND ILS REGARDENT UNE AUTRE FEMME, C'EST TOUJOURS AVEC UNE IDÉE DERRIÈRE LA TÊTE !...
RRHHRRHHR
PFUUITT... FAUT TOUT DE MÊME PAS EXAGÉRER... ET ENSUITE ?
EH BIEN, IL LUI A PROMIS ET IL A TENU PAROLE...
PLITCH
IL N'A PLUS REGARDÉ D'AUTRE FEMME...
C'EST BIEN.
IL S'EST MIS EN MÉNAGE AVEC ALBERT, LE FILS DU GARAGISTE !
LA PAUVRE, SI TU VOYAIS DANS QUEL ÉTAT ELLE EST !... EST-CE QUE TU PEUX LA RECEVOIR DEMAIN ?
ÇA T'APPRENDRA À ÉCOUTER TA TANTE !
217
CAUVIN - BÉDU

Travail au noir

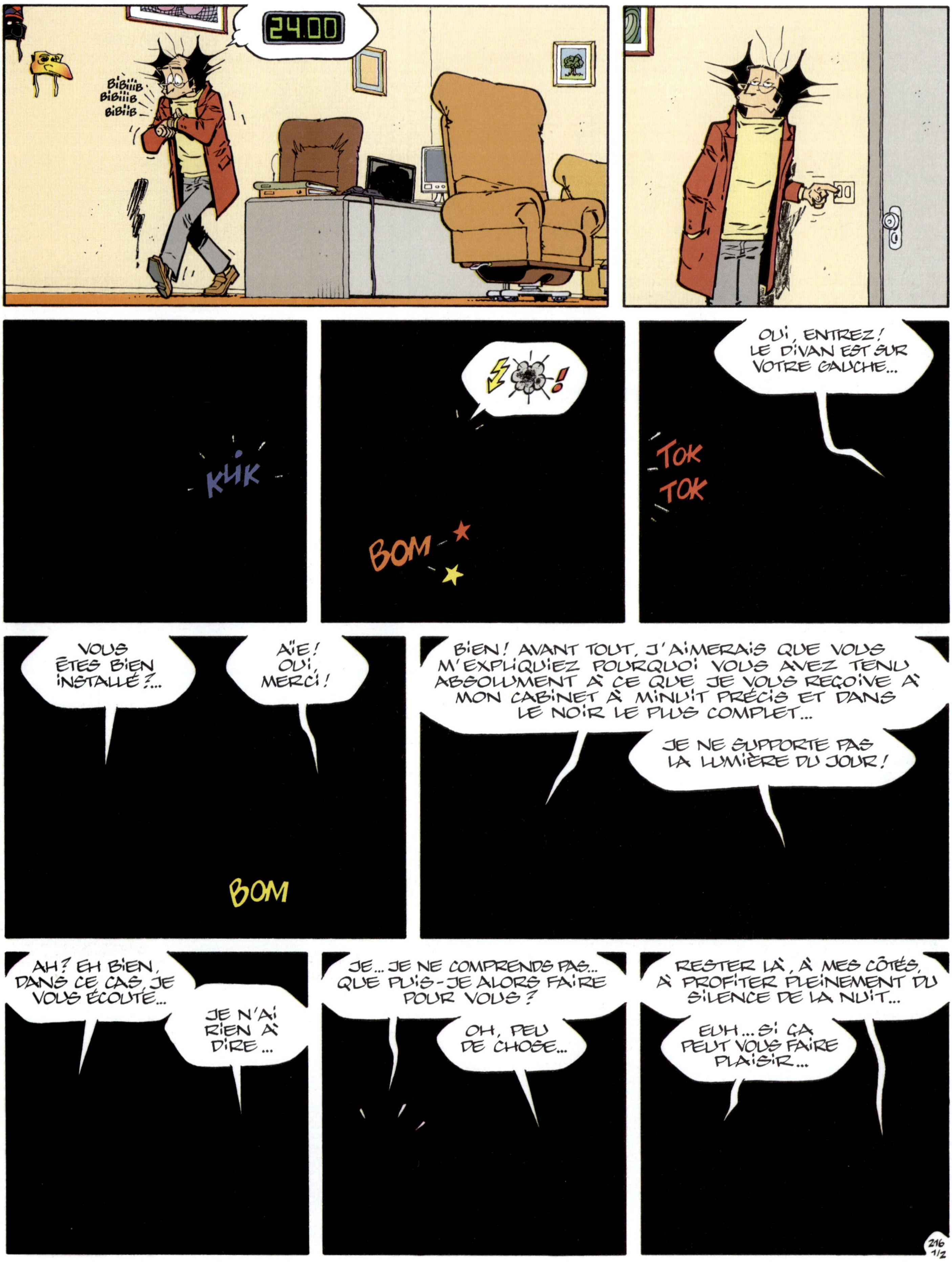

24.00
BIBIIIB BIBIIIB BIBIIB
KLIK
BOM
OUI, ENTREZ! LE DIVAN EST SUR VOTRE GAUCHE...
TOK TOK
VOUS ÊTES BIEN INSTALLÉ ?...
AÏE! OUI, MERCI!
BOM
BIEN! AVANT TOUT, J'AIMERAIS QUE VOUS M'EXPLIQUIEZ POURQUOI VOUS AVEZ TENU ABSOLUMENT À CE QUE JE VOUS REÇOIVE À MON CABINET À MINUIT PRÉCIS ET DANS LE NOIR LE PLUS COMPLET...
JE NE SUPPORTE PAS LA LUMIÈRE DU JOUR!
AH? EH BIEN, DANS CE CAS, JE VOUS ÉCOUTE...
JE N'AI RIEN À DIRE...
JE... JE NE COMPRENDS PAS... QUE PUIS-JE ALORS FAIRE POUR VOUS?
OH, PEU DE CHOSE...
RESTER LÀ, À MES CÔTÉS, À PROFITER PLEINEMENT DU SILENCE DE LA NUIT...
EUH... SI ÇA PEUT VOUS FAIRE PLAISIR...
216 1/2

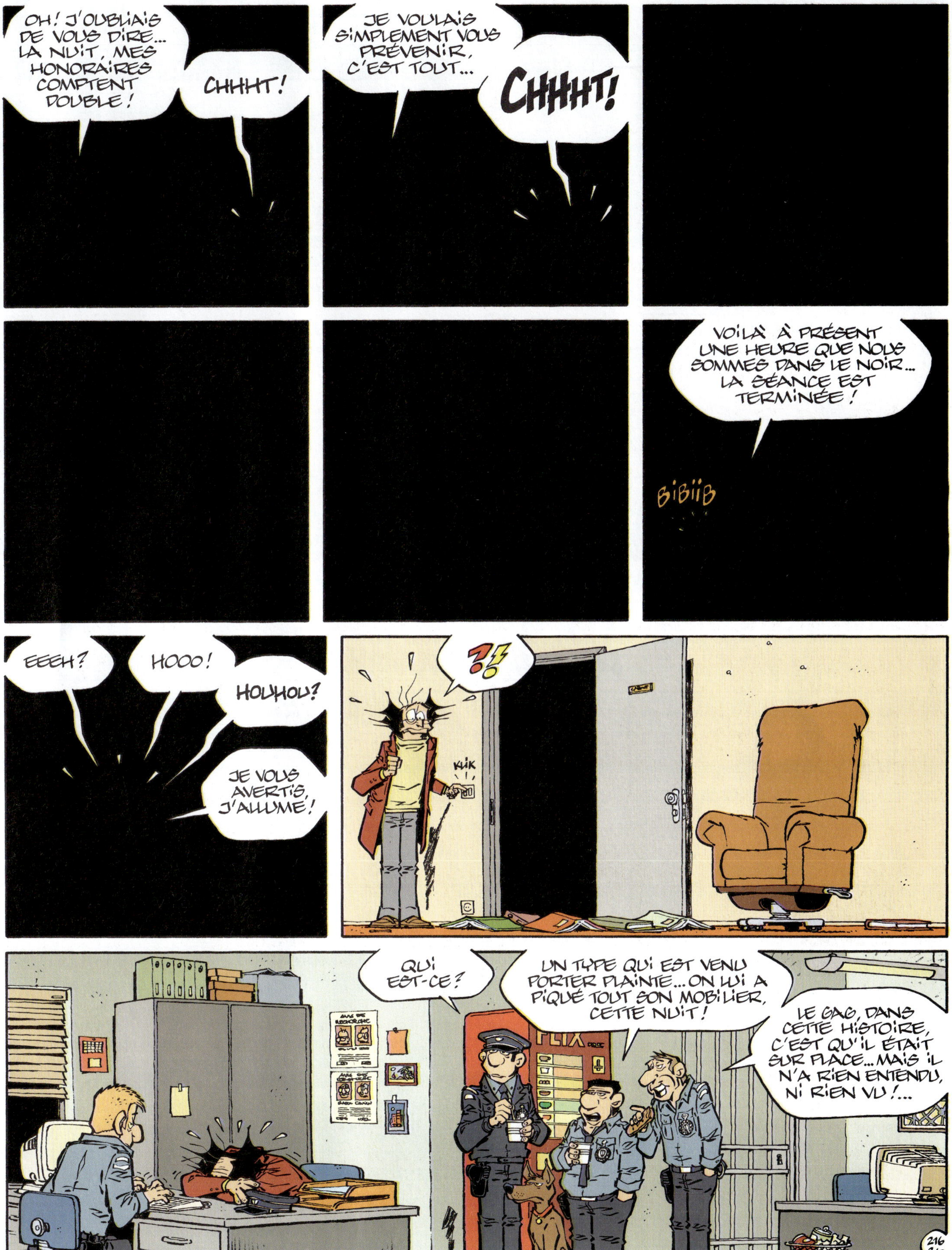
OH ! J'OUBLIAIS DE VOUS DIRE... LA NUIT, MES HONORAIRES COMPTENT DOUBLE !
CHHHT !
JE VOULAIS SIMPLEMENT VOUS PRÉVENIR, C'EST TOUT...
CHHHT !
VOILÀ À PRÉSENT UNE HEURE QUE NOUS SOMMES DANS LE NOIR... LA SÉANCE EST TERMINÉE !
BIBIIB
EEEH ?
HOOO !
HOUHOU ?
JE VOUS AVERTIS, J'ALLUME !
KLIK
QUI EST-CE ?
UN TYPE QUI EST VENU PORTER PLAINTE... ON LUI A PIQUÉ TOUT SON MOBILIER, CETTE NUIT !
LE GAG, DANS CETTE HISTOIRE, C'EST QU'IL ÉTAIT SUR PLACE... MAIS IL N'A RIEN ENTENDU, NI RIEN VU !...
FLIX
216 2/2
CAUVIN - BÉDU

Pédi-buse

BOM BOM
PAS POSSIIIIBLE !...
PLOF PLOF PLOF
QU'EST-CE QUE VOUS ALLEZ ENCORE ME RACONTER ?
C'EST MA FEMME QUI M'A DIT DE VENIR VOUS VOIR... D'APRÈS ELLE, C'EST DANS MA TÊTE QUE ÇA SE PASSE...
MAIS, MOI, JE SAIS BIEN QUE C'EST PAS DANS LA TÊTE... C'EST DANS LE PIED !
QU'EST-CE QU'IL A, VOTRE PIED ?
IL FAIT GRÈVE ! IL REFUSE OBSTINÉMENT DE SE POSER SUR LE SOL ET, SI J'INSISTE, IL ME FAIT MAL... EXPRÈS !
MONTREZ VOIR...
POF
AÏIEYOUILLEYOUILLE !
VOUS VOYEZ BIEN !
ENLEVEZ VOTRE SOULIER ET VOTRE CHAUSSETTE...
SLAM
PLOF PLOF PLOF
QU'EST-CE QU'IL A DIT ?
J'AI UN ONGLE INCARNÉ !
PLOF
220
CAUVIN-BÉDU

Fous de pub

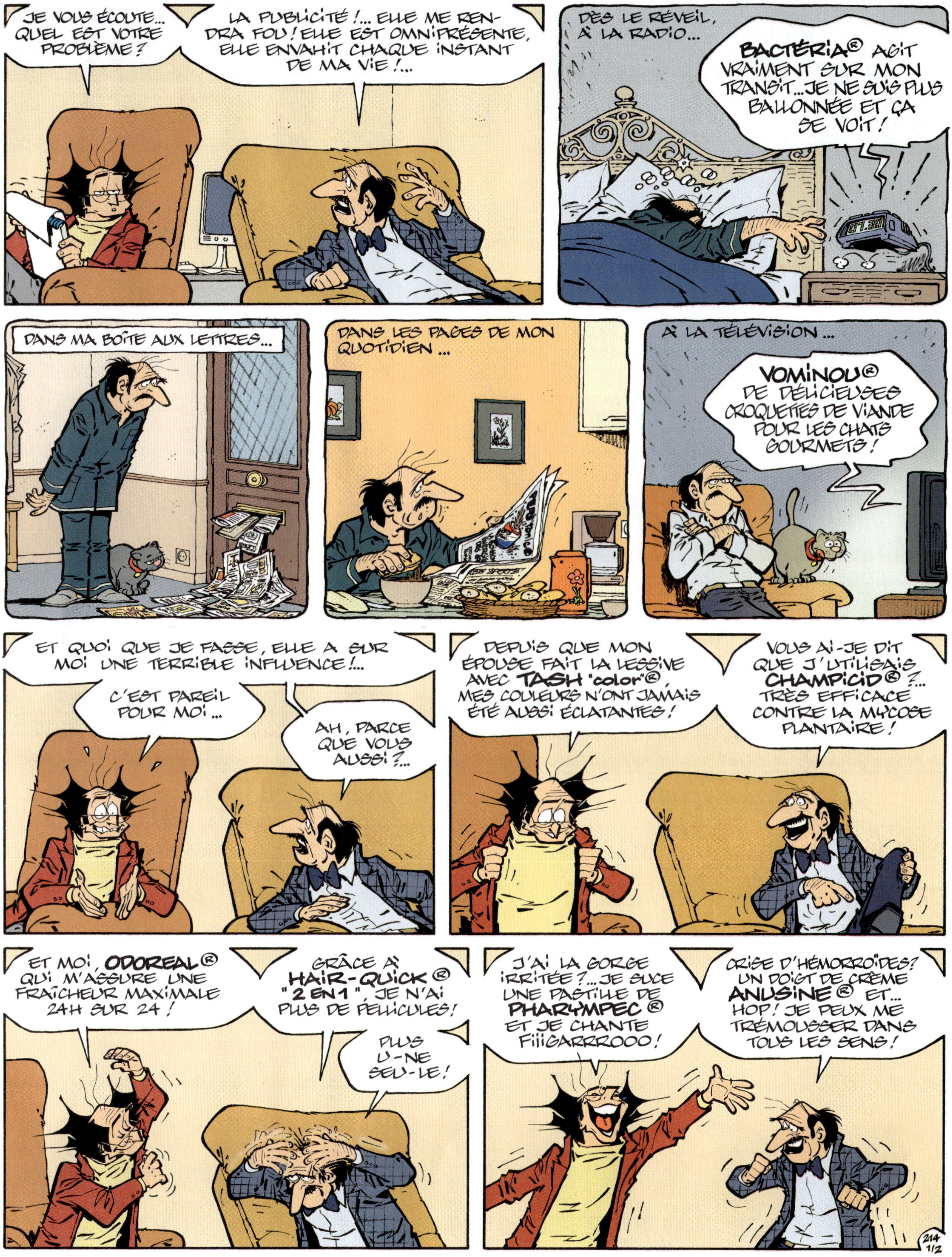

JE VOUS ÉCOUTE... QUEL EST VOTRE PROBLÈME ?
LA PUBLICITÉ !... ELLE ME RENDRA FOU ! ELLE EST OMNIPRÉSENTE, ELLE ENVAHIT CHAQUE INSTANT DE MA VIE !...
DÈS LE RÉVEIL, À LA RADIO...
BACTÉRIA® AGIT VRAIMENT SUR MON TRANSIT... JE NE SUIS PLUS BALLONNÉE ET ÇA SE VOIT !
DANS MA BOÎTE AUX LETTRES...
DANS LES PAGES DE MON QUOTIDIEN...
À LA TÉLÉVISION...
VOMINOU® DE DÉLICIEUSES CROQUETTES DE VIANDE POUR LES CHATS GOURMETS !
ET QUOI QUE JE FASSE, ELLE A SUR MOI UNE TERRIBLE INFLUENCE !...
C'EST PAREIL POUR MOI...
AH, PARCE QUE VOUS AUSSI ?...
DEPUIS QUE MON ÉPOUSE FAIT LA LESSIVE AVEC TASH "color"®, MES COULEURS N'ONT JAMAIS ÉTÉ AUSSI ÉCLATANTES !
VOUS AI-JE DIT QUE J'UTILISAIS CHAMPICID® ?... TRÈS EFFICACE CONTRE LA MYCOSE PLANTAIRE !
ET MOI, ODOREAL® QUI M'ASSURE UNE FRAÎCHEUR MAXIMALE 24H SUR 24 !
GRÂCE À HAIR-QUICK® "2 EN 1", JE N'AI PLUS DE PELLICULES !
PLUS U-NE SEU-LE !
J'AI LA GORGE IRRITÉE ?... JE SUCE UNE PASTILLE DE PHARYMPEC® ET JE CHANTE FIIIGARRROOO !
CRISE D'HÉMORROÏDES ? UN DOIGT DE CRÈME ANUSINE® ET... HOP ! JE PEUX ME TRÉMOUSSER DANS TOUS LES SENS !
214 1/2

UN COUP DE BUCCOFRESH® HHHHHH... ET ADIEU LA MAUVAISE HALEINE !
DENTS ÉTINCELANTES... MERCI BILGATÉ® !
INTOX® EST SANS PITIÉ POUR MOUCHES ET MOUSTIQUES !
BRIIZZ® MMH... ÇA SENT LE SAPIN DANS TOUTE LA MAISON !
DEPUIS QUE JE METS "eau barbare" DE HERPÈS®, PLUS AUCUNE FEMME NE ME RÉSISTE !
DEPUIS QUE J'APPLIQUE LA MOUSSE À RASER ÉPILETTE®, ELLES ADORENT CARESSER MA PEAU SATINÉE !
OH ! MAIS CE BUREAU EST DÉGOÛTANT !
ET CE DIVAN... QUELLE HORREUR !... COUVERT DE GRAISSE !
ZIP !
HEUREUSEMENT QU'IL Y A MAADAM'PROP® !
AH, OUIIII, VRAIMENT C'EST LA FÉE DU LOGIIIS !
TAP TATAP ! TAP TATAP !
TOUT LUIIIIT... TOUT BRIIIIILLE... TOOUUT SCINTIIIILLE... IIIIHIIIIHIII... IIILLE...
MERCIIII, MAADAM'PROP® !
JE VOUS ÉCOUTE... QUEL EST VOTRE PROBLÈME ?
LA PUBLICITÉ !... ELLE NOUS RENDRA FOUS ! ELLE EST OMNIPRÉSENTE, ELLE ENVAHIT CHAQUE INSTANT DE NOTRE VIE !...
214 2/2
CAUVIN - BÉDU.

Un coût de trop

RAPPELEZ-VOUS, DOCTEUR, LA PREMIÈRE FOIS QUE JE SUIS VENU VOUS VOIR... SUITE À UN ALÉA DE LA VIE, J'AVAIS SOMBRÉ DANS L'ALCOOL...
JE NE DESSOÛLAIS PLUS DU MATIN AU SOIR ET DU SOIR AU MATIN...
MOI, À TA PLACE...
LAISSE TOMBER, VEUX-TU ?
J'AVAIS PERDU MON EMPLOI...
MA FEMME M'AVAIT QUITTÉ...
J'AI SUIVI VOS CONSEILS... GRÂCE À VOUS, JE SUIS REDEVENU SOBRE, J'AI RETROUVÉ UN EMPLOI ET JE VIENS DE ME REMARIER...
JE SUIS CONTENT POUR VOUS. À CE PROPOS, JE VOUS AI PRÉPARÉ QUELQUE CHOSE...
QU'EST-CE QUE C'EST ?
MES HONORAIRES...
MOI, À TA PLACE...
LAISSE TOMBER, VEUX-TU ?
CAFE L'OPERA
219
CAUVIN - SÉTHI

Drogue doudouce

?
C'EST MON DOUDOU...
J'ÉTAIS TOUT BÉBÉ QUAND MA MÈRE ME L'A OFFERT...
ZZZZ
J'AI GRANDI AVEC LUI...
BIIIIB BIIIB
PARTOUT OÙ JE ME SUIS RENDU, JE L'AI TOUJOURS EMMENÉ AVEC MOI... DE L'ÉCOLE...
JUSQU'À L'UNIVERSITÉ...
LE PROBLÈME, C'EST QU'AUJOURD'HUI, J'AI ÉNORMÉMENT DE MAL À TROUVER UN EMPLOI...

PERSONNE NE ME PREND AU SÉRIEUX...
SALES MANAGER
L'HEURE EST VENUE DE M'EN SÉPARER... MAIS SEUL, JE N'Y ARRIVERAI JAMAIS !... JE VOUS EN SUPPLIE, DOCTEUR, AIDEZ-MOI !
ON PEUT TOUJOURS ESSAYER...
TOUT D'ABORD, ON LÂCHE LE DOUDOU...
J'AI DIT...
TAP TAP
ON LÂCHE LE DOUDOU !
HOP ! FINI LE DOUDOU !
BLOF
218 215

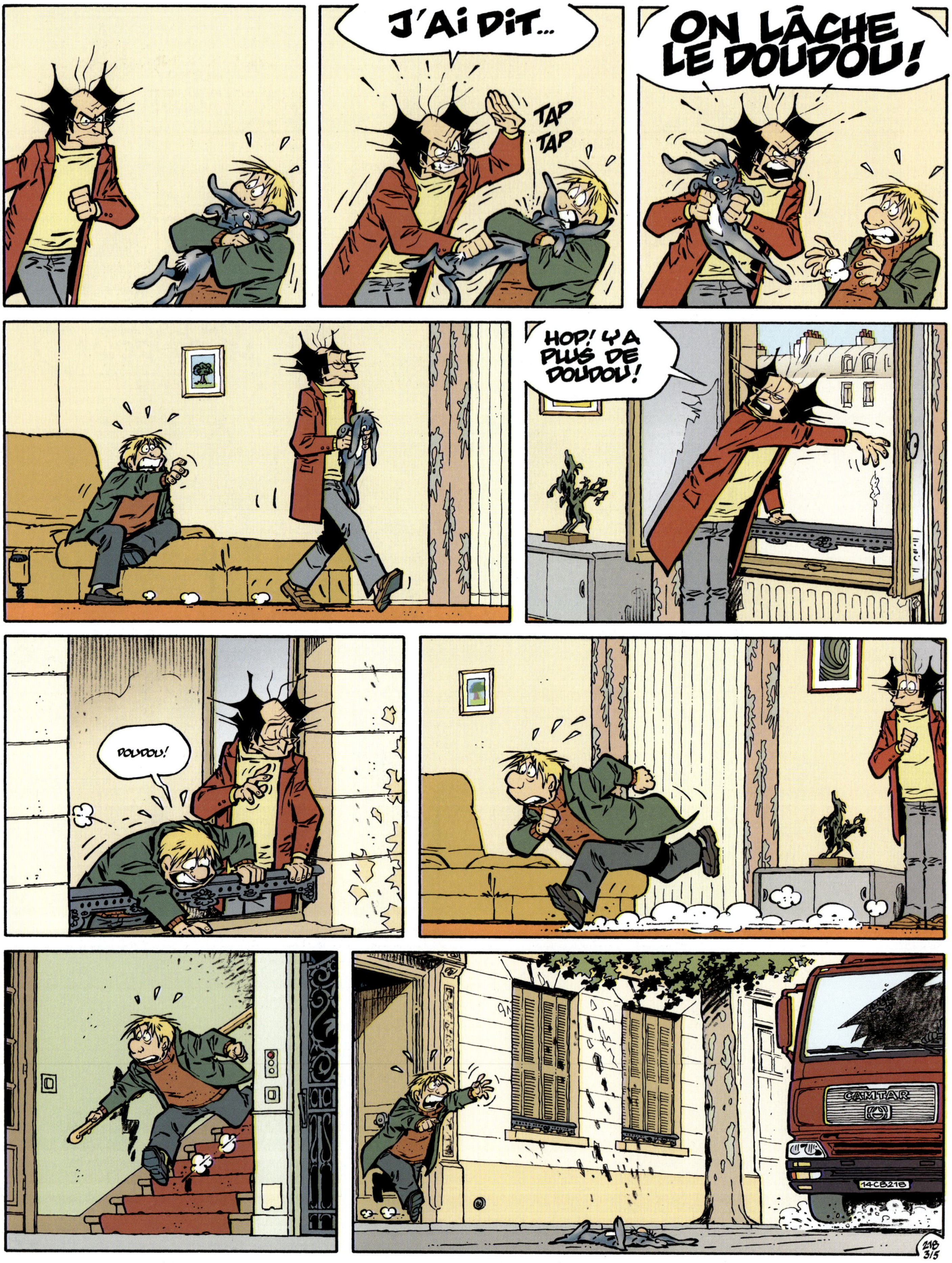
J'AI DIT...
TAP TAP
ON LÂCHE LE DOUDOU!
HOP! Y A PLUS DE DOUDOU!
DOUDOU!
CAMTAR
14-CB-218
ZAB 3/5

BROMBOLOM
OOOOH !... Y A PUS DE DOUDOU ! L'A ÉTÉ CRABOUILLÉ PAR UN DIX TONNES, LE DOUDOU !
NE ME DITES PAS QUE VOUS COMPTEZ VOUS TRIMBALLER PARTOUT AVEC CES LAMENTABLES MORCEAUX !?...
DONNEZ-MOI ÇA ...
VOILÀ ! FINI LE DOUDOU ! TÉÉÉRMINÉ LE DOUDOU ! Y A PUS DE DOUDOU !
BLOF
AU DÉBUT, VOUS SOUFFRIREZ D'UN MANQUE ÉVIDENT... MAIS AVEC LE TEMPS, VOUS VOUS Y FEREZ ET VOUS REVIENDREZ À UNE VIE NORMALE...
218
415

.....
TU VEUX QUE JE TE DISE, ANTOINE ?
CE MÉTIER TE RENDRA FOU !
CAUVIN - BÉDU